B1

Klasse!

Deutsch für Jugendliche

Kursbuch mit Audios und Videos

Sarah Fleer
Ute Koithan
Bettina Schwieger
Tanja Sieber

Ernst Klett Sprachen
Stuttgart

Autoren: Sarah Fleer, Ute Koithan, Bettina Schwieger, Tanja Sieber
Beratung und Gutachten: Virginia Gil (Madrid), Beate Lex (Jena), Thomas Polland (Sarajewo), Silvia Zemp Campana (Cagiallo, Schweiz)
Projektleitung und Redaktion: Felice Lembeck und Angela Kilimann
Herstellung: Carolyn Merkel
Layoutkonzeption und Gestaltung: Andrea Pfeifer, München
Illustrationen: Andrea Naumann, Aachen
Satz: Katharina Forschner, Fotosatz Amann, Memmingen
Umschlaggestaltung: Studio Schübel, München
Titelbild und Auftragsfotos: Dieter Mayr, München

Videos
Produktion und Regie: Bild & Ton, München
Kamera: Martin Noweck, München
Postproduktion: Thomas Simantke, Stuttgart

Grammatikclips
Drehbuch: Dr. Eveline Schwarz, Graz
Redaktion und Regie: Felice Lembeck und Annette Kretschmer
Kamera und Postproduktion: Thomas Simantke, Stuttgart

Audios
Aufnahme und Postproduktion: Plan 1
Musik: Munich Supercrew (Plateau 2), Johannes Then (Kapitel 9)
Regie: Plan 1 und Felice Lembeck

Klasse! B1	
Kursbuch mit Audios und Videos	607142
Übungsbuch mit Audios	607143
Lehrerhandbuch	607144
Intensivtrainer	607145
Testheft mit Audios	607146
Digitales Unterrichtspaket zum Download	NP00860714401

Klasse! B1 (zweibändig)	
Kursbuch B1.1 mit Audios und Videos	607211
Kursbuch B1.2 mit Audios und Videos	607212
Übungsbuch B1.1 mit Audios	607213
Übungsbuch B1.2 mit Audios	607214

Lösungen, Transkripte, Glossare, Kopiervorlagen u.v.m. zum Download unter:
www.klett-sprachen.de/klasse

Audio- und Videodateien zum Download unter www.klett-sprachen.de/klasse/medienB1

Code: B1.1: kla3S1x@55
B1.2: kla3S2x@56

Zu diesem Buch gibt es Audios und Videos, die mit der Klett-Augmented-App geladen und abgespielt werden können.

Klett-Augmented-App kostenlos downloaden und öffnen

Bilderkennung starten und **Seiten mit Audios und Videos** scannen

Audios laden, direkt nutzen oder speichern

Scannen Sie diese Seite für weitere Komponenten zu diesem Titel.

1. Auflage 1 5 4 3 | 2024 23 22

Druck und Bindung: Elanders GmbH, Waiblingen
ISBN 978-3-12-607142-0

Dein Kursbuch

12 Kapitel

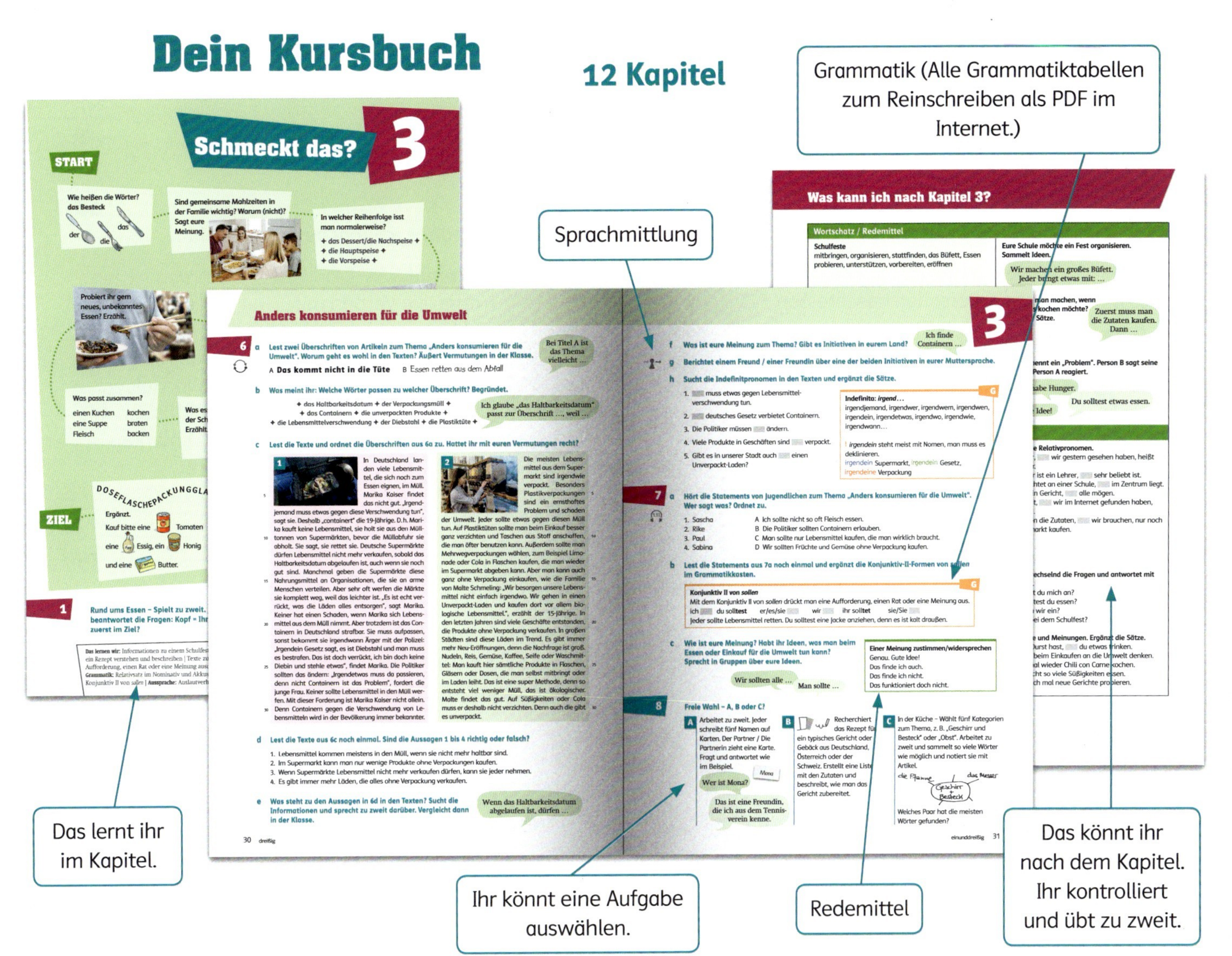

4 Plateaus zum Wiederholen und Trainieren

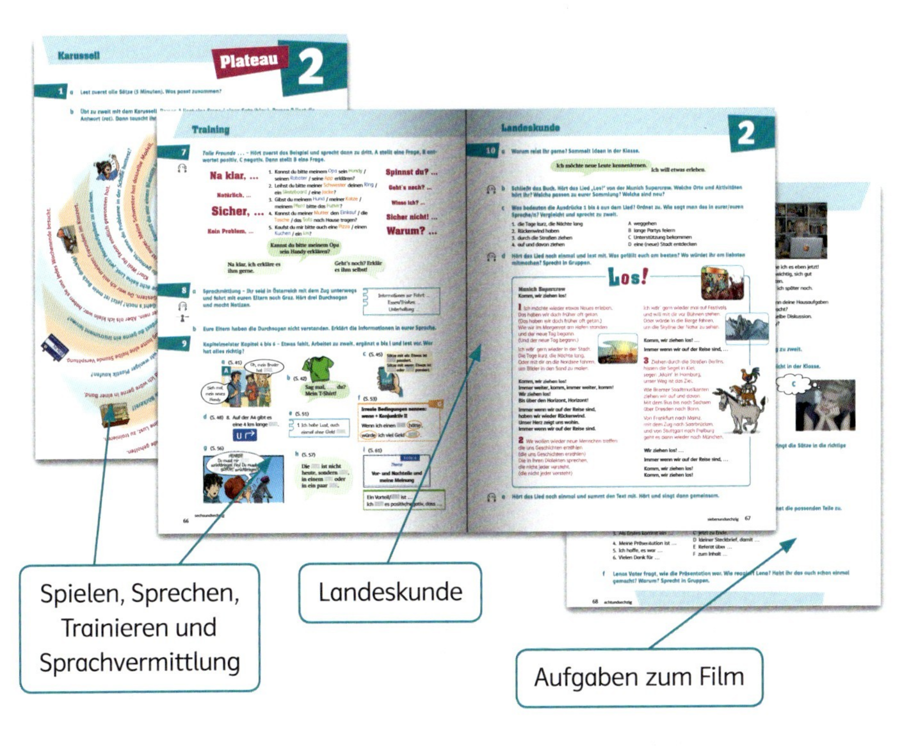

Symbole im Kursbuch

 Ihr hört einen Text oder Dialog.

Aussprache – ihr hört und sprecht nach.

 Ihr vergleicht Deutsch mit eurer Sprache oder anderen Sprachen.

 Ihr schreibt einen Text.

 Projektaufgabe

 Ihr seht ein Video mit Redemitteln.

 Ihr seht einen Grammatikclip.

 Ihr seht einen Film.

 CLIL – im Lehrerhandbuch gibt es Kopiervorlagen zum fächerübergreifenden Lernen.

 Ihr gebt Informationen in eurer Muttersprache oder in Deutsch weiter.

Inhalt

Inhalt

Willkommen zurück!

Spielt zu dritt. Setzt Spielfiguren auf den Start. A wirft eine Münze: Kopf = 1 Feld weiter, Zahl = 2 Felder weiter. A beantwortet die Frage(n) oder macht die Aufgabe. Dann wirft B die Münze usw. Pro Feld und richtiger Lösung bekommt ihr 1 Punkt. Wer im Ziel die meisten Punkte hat, gewinnt.

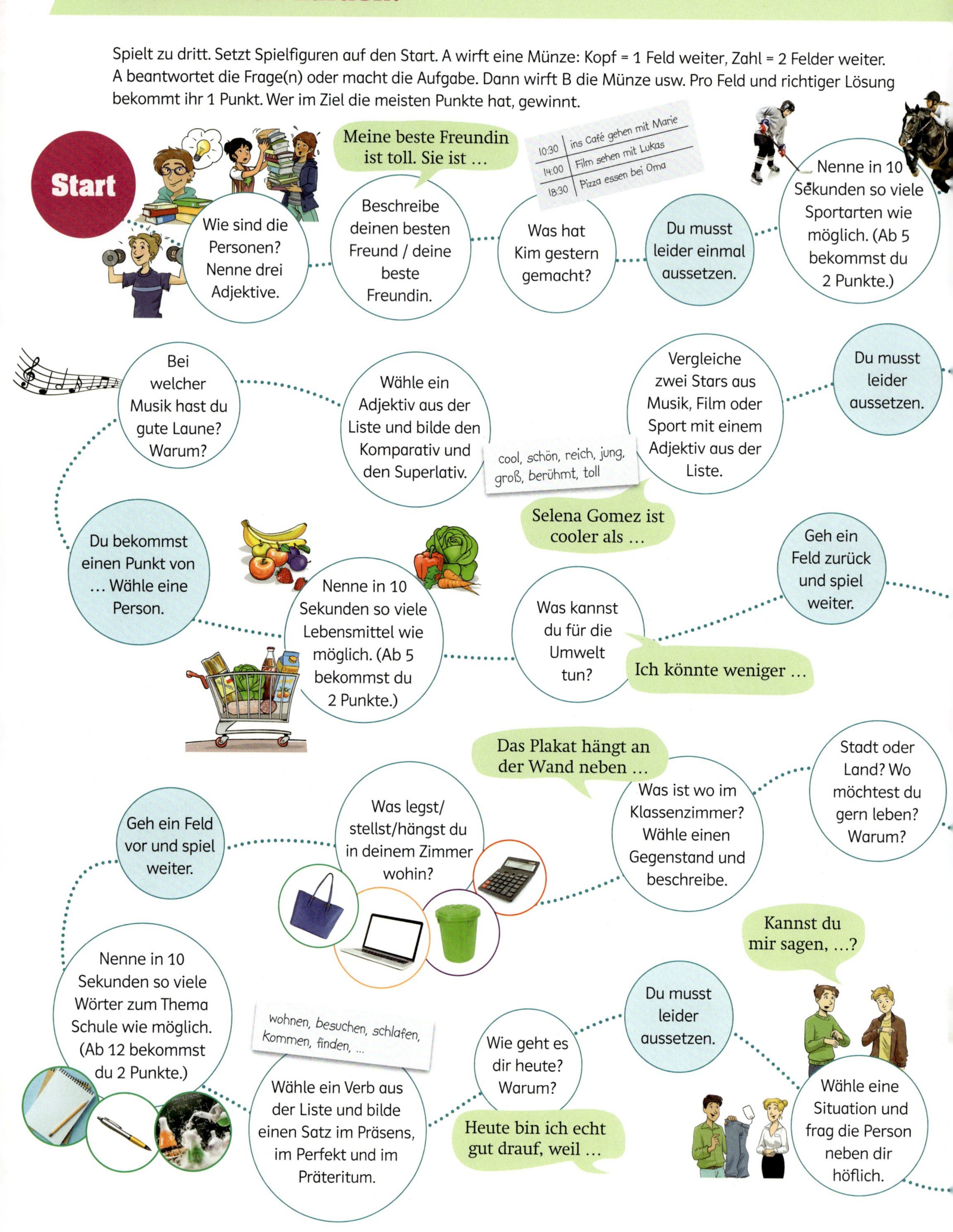

Spiel

an einem Spiel teilnehmen
n Turnier ewinnen
Was haben die Personen gemacht?
bei einem Fußballspiel zusehen
Nenne und beschreibe eine Sportart: Was? Wie? Wo?
Geh ein Feld zurück und spiel weiter.
Wähle einen Tag: Welches Datum ist heute/ morgen?
TAGESZEITUNG
Welche Medien benutzt du oft, selten oder nie?
Was kann die Person rechts neben dir gut?
Lena ist gut in Mathe. Sie kann gut …
Geh ein Feld vor und spiel weiter.
Du hast die Hausaufgaben nicht gemacht.
Du bist zu spät.
Du willst zu Hause nicht helfen.
Warum …? Wähle eine Karte und begründe mit weil.
Ich bin zu spät, weil …
Wir mussten am Abend um zehn …
Was durftet/ musstet/konntet/ wolltet ihr auf der letzten Klassenfahrt tun? Bilde einen Satz.
Was gefällt dir, was magst du (nicht)? Wähle zwei Möbel und bilde Sätze.
Ich mag den weißen …
Warum gibt es bei dir zu Hause Streit?
Mein Bruder und ich streiten, wenn …
Beschreib einen Gegenstand aus dem Klassen-zimmer (Material, Farbe, Größe).
Der Gegenstand ist aus Holz. Er ist braun und …
Du musst leider aussetzen.
Dieses finde ich …
Was findest du schöner? Wähle bei zwei Paaren etwas aus und bilde Sätze.
Bestellst du deine Klamotten online oder gehst du lieber shoppen? Warum?
Wie viel Taschengeld ist gut? Was denkst du? Begründe.
Du bekommst einen Punkt von … Wähle eine Person.
Welche Sehenswürdig-keiten gibt es in München?
Geh ein Feld zurück und spiel weiter.
Welche Berufe sind das?
Tim kann gut … Er könnte …
Was könnte die Person neben dir werden? Warum?
Was macht die Person?
Du bekommst einen Punkt von … Wähle eine Person.
Ziel

1 Schön und fit?

sportlich · die Mode · schön · der Stil · cool · modern · schick · (nicht) gut aussehen · hässlich · altmodisch · der Schmuck · das Make-up · der Sport

trainieren · die Frisur · hübsch · das Tattoo · die (Pl.) Muskeln · elegant · das Piercing · die Figur · die Fitness

1 a Seht die Bilder an und lest die Wörter. Welche Wörter passen zu welchen Bildern? Ordnet zu. Es gibt mehrere Möglichkeiten.

b Sprecht zu dritt. Jeder wählt zwei Bilder und beschreibt die Person. Wie sieht sie aus? Was trägt sie? Was macht sie?

Die Jugendliche auf Bild 1 hat blaue Haare. Auf der Schulter …

Der Junge auf Bild 2 …

c Was sagt die Person über sich selbst? Vermutet und sprecht in Gruppen.

Bild 1: Ich möchte anders aussehen als die anderen…

d Was gefällt euch (nicht)? Warum? Sprecht in Gruppen.

Mir gefällt …

Ich finde den Hut …, weil …

Das lernen wir: Personen beschreiben | über Körper, Hygiene, Schönheit, Selbstdarstellung und Fitness sprechen | einen Text aus einer Schülerzeitung verstehen | Nomen mit *-ung, -heit, -keit* | eine Meinung äußern, zustimmen und widersprechen | etwas begründen | **Grammatik:** reflexive Verben mit Akkusativ und Dativ | *deshalb, daher, darum, deswegen* | Nebensatz mit *weil/da* | Nebensatz mit *obwohl* | **Aussprache:** Satzmelodie bei Aussage, Frage, Aufforderung

2 a Was machen die Personen? Ordnet die reflexiven Verben zu.

✦ ~~sich die Zähne putzen~~ ✦ sich die Haare färben ✦ sich umziehen ✦ sich schminken ✦ sich rasieren ✦ sich waschen ✦ sich die Haare schneiden ✦ sich kämmen ✦

Das Mädchen in Bild 1 putzt sich die Zähne.

b Lest die Statements von drei Jugendlichen und die Sätze 1 bis 8. Wer sagt das?

Julia

Meine Freundinnen finden Klamotten und Aussehen sehr wichtig. Sie ziehen sich ständig um, schminken sich und kaufen sich neue Cremes in der Drogerie. Das regt mich manchmal echt auf. Ich mache das nicht. Make-up steht mir nicht. Ich färbe mir auch nicht die Haare oder so. Das finde ich hässlich. So wie ich bin, finde ich mich am besten. Ich trage ausschließlich sportliche und praktische Kleidung.

Hannes

Ich mag Skater-Klamotten und trage seit ein paar Monaten Rastas. Diese Frisur sieht cool aus und ist total praktisch. Kamm und Bürste brauche ich nicht, denn ich muss mir jetzt nie mehr die Haare kämmen. Hygiene, ja, klar, ich dusche täglich oder gehe in die Badewanne und rasiere mir einmal in der Woche den Bart. Aber mein Zahnarzt hat gesagt: „Du musst dir bald gründlicher die Zähne putzen als bisher, Hannes." Er hat mir auch gleich eine neue Zahnbürste und Zahnpasta mitgegeben. Denn ich bekomme in zwei Wochen eine Zahnspange, weil meine Zähne etwas schief sind. Das nervt.

Asia

Ich ändere dauernd meine Frisur und meine Haarfarbe. Ein Friseur darf aber nicht an meine Haare, das mache ich alles selbst. Ich finde, Make-up muss sein. Ich schminke mir fast jeden Tag die Lippen und die Augen. Das gefällt mir und sonst bin ich so blass. Ich liebe Schmuck, Ketten, Ringe und Parfüm. Später möchte ich ein Tattoo haben. Ich habe mir schon ein Motiv ausgesucht.

1. Ich schminke mich nicht.
2. Ich schneide mir die Haare.
3. Ich kämme mich nicht.
4. Ich färbe mir die Haare.
5. Ich rasiere mich.
6. Ich schminke mir oft die Augen.
7. Ich ziehe mich nicht so oft um.
8. Ich muss mir bald oft die Zähne putzen.

1. Julia

c Seht die Sätze 1 bis 8 mit reflexiven Verben aus 2b noch einmal an. In welchen Sätzen steht das Reflexivpronomen im Akkusativ, wo im Dativ? Sammelt in der Klasse und erstellt eine Tabelle.

Akkusativ	Dativ
Ich schminke mich nicht. ...	Ich schneide mir ...

G

Reflexive Verben mit Akkusativ und Dativ

Ich wasche **mich**.

Wenn es zur Person noch eine Ergänzung gibt, steht das Reflexivpronomen im Dativ:

Ich wasche **mir** die Haare.

Weitere Verben: sich rasieren, sich schminken, sich kämmen, …
Manche Verben brauchen immer eine Akkusativergänzung, deshalb steht das Reflexivpronomen immer im Dativ: sich etwas leihen, sich wünschen, …

d Wie heißen die Sätze aus 2c in eurer Sprache? Was ist gleich, was ist anders?

3

a **Körperpflege – Spielt in Gruppen. Person A zeigt pantomimisch eine Tätigkeit aus 2a oder b. Die anderen raten.**

Du putzt dir die Zähne, oder?

Richtig. Ich putze mir die Zähne.

b **Spielt zu dritt. Würfelt zweimal und sprecht wie im Beispiel.**

⚀ ⚂ Ich kämme mir die Haare.

⚀	⚁	⚂	⚃	⚄	⚅
ich	du	er/es/sie	wir	ihr	sie/Sie
sich die Zähne putzen	sich schminken	sich die Haare kämmen	sich umziehen	sich die Haare schneiden	sich rasieren

c **Erstellt Lernkarten mit den Sätzen aus 3b.**

Ich kämme mir die Haare.

Ach, deshalb macht er das!

4

a **Seht den Comic an. Was passiert? Sprecht in der Klasse.**

b **Hört jetzt das Gespräch zwischen Kim und Marie. Sind die Aussagen richtig oder falsch?**

1. Nicklas ist sehr sportlich.
2. Nicklas ist ein Angeber.
3. Marie mag Nicklas eigentlich.
4. Marie weiß sofort, warum Nicklas die Bilder postet.
5. Nicklas hat Kim eine Nachricht geschickt.
6. Nicklas ist in Kim verliebt.

c **Euer Nachbar / Eure Nachbarin hat das Gespräch zwischen Marie und Kim nicht richtig verstanden. Fasst es für ihn/sie in eurer Muttersprache zusammen.**

d **Weshalb macht Nicklas das? – Bildet Sätze.**

1. Nicklas will zeigen, dass er sportlich ist. Daher postet …
2. Alle sollen sehen, dass er gut aussieht, …
3. Er mag Kim sehr, …
4. Nicklas will es Kim sagen, …

> **G**
>
> **Folgen nennen: *deshalb*, *daher*, *darum*, *deswegen***
>
> *darum, daher, deswegen* funktionieren wie *deshalb*.
>
> Er (ist) verliebt, **deshalb/daher/…** (macht) er das.
>
> Er (will) sportlich (aussehen), er (zeigt) **deshalb/daher/…** seine Muskeln.

e **Auf Instagram & Co. – Seht die Fotos an. Ergänzt die Kommentare.**

f **Welches Bild möchtet ihr gern anderen zeigen und warum? Zeigt und/oder beschreibt das Bild und begründet. Sprecht in Gruppen über die Bilder.**

5 **a** **Sag mal … Satzmelodie – Wie ist die Melodie? Nach oben ↗? Nach unten ↘? Hört den Dialog. Macht dazu Handbewegungen nach oben oder unten. Sprecht dann den Dialog zu zweit.**

- ● Gehen wir jetzt?
- ○ Ich muss mich erst umziehen.
- ● Warum hast du dich noch nicht umgezogen?
- ○ Ich hatte keine Zeit.
- ● Du hattest keine Zeit?
- ○ Genau.
- ● Dann zieh dich jetzt um!
- ○ Okay.

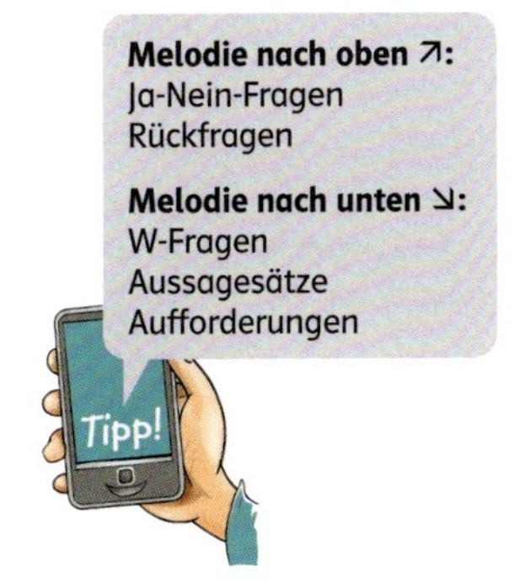

b **Lest zu zweit die kurzen Dialoge mit der richtigen Melodie ↗↘.**

1. ● Meine Haare sind so lang. — ○ Geh zum Friseur!
2. ● Gefallen dir Tattoos? — ○ Nein, ich mag Tattoos nicht. Und du?
3. ● Warum schminkt sich Lea so stark? — ○ Weil es ihr gefällt.
4. ● Ich färbe mir heute die Haare. — ○ Du färbst dir heute die Haare? Oh, nein!

Ich finde das schön!

6 a Lest den Text aus einer Schülerzeitung. Zu welcher Person passt welche Überschrift? Ordnet zu.

Der Charakter ist wichtiger als das Aussehen – Ich habe einen eigenen Stil – **Ein fitter Körper sieht gut aus** – **Der Vergleich mit den perfekten Menschen im Internet ist nicht gut**

Nomen mit der Endung *ung/-heit/-keit*
Diese Nomen sind immer feminin:
die Erfahrung
die Schönheit
die Eitelkeit

Tipp!

Das Aussehen – zu wichtig?

Wie sehe ich aus? Das ist für die meisten Menschen wichtig. Auch Jugendliche beschäftigen sich sehr mit ihrem Äußeren, das war schon immer so. Aber heute kommt hinzu, dass viele Menschen ständig online Bilder von sich posten. Auf diesen Bildern sieht man Menschen mit einem perfekten 5 Aussehen. Dass die Leute auf ihren Bildern vorher jedes Detail bearbeitet haben, vergisst man meistens. Viele haben bereits die Erfahrung gemacht, dass sie gemeine Kommentare zu ihren Fotos bekommen, wenn mal etwas nicht so gut oder einfach normal aussieht. Viele Jugendliche denken tatsächlich, dass sie perfekt aussehen müssen, und das produziert natürlich Stress. Gleichzeitig sind sie auf der Suche nach 10 dem eigenen Stil. Wir haben mit Jugendlichen über das Thema gesprochen.

Linus, 16

Natürlich ist es für mich wichtig, wie ich aussehe. Deshalb gehe ich auch zwei- oder dreimal pro Woche ins Fitnessstudio. Kräftige Muskeln sind schön, finde ich. Aber ich mag es gar nicht, wenn Leute ständig Selfies von sich machen und stündlich posten. Und dann jedes Mal unglücklich sind, wenn sie nicht genug Likes oder Klicks bekommen. Manche sind richtig 15 süchtig danach. Absolut doof. Hauptsache ist doch, dass ich mir gefalle.

Anna, 15

Alle wollen schlank sein und einen flachen Bauch haben. Meine Freundinnen machen ständig eine Diät und wollen abnehmen, obwohl sie schon dünn sind. Sie wollen aussehen wie Models. Ich finde das ziemlich seltsam. Jede und jeder ist so in Ordnung, wie sie oder er ist. Ich finde es viel wich- 20 tiger, dass Menschen sympathisch, intelligent und witzig sind, und das hat nichts mit Aussehen oder äußerlicher Schönheit zu tun.

Miro, 14

Eitelkeit finde ich doof, aber ich lege schon Wert auf mein Aussehen. Kleidung ist zum Beispiel für mich sehr wichtig. Die meisten Jugendlichen in meiner Schule haben einen ähnlichen Stil. Aber ich will nicht wie alle ande- 25 ren aussehen und kaufe deshalb oft ausgefallene Klamotten, obwohl dann manche in meiner Schule blöde Sprüche machen. Anfangs fand ich das blöd, aber mittlerweile habe ich mich an die Sprüche gewöhnt und es ist mir egal.

Selin, 16

Also, ich schminke mich, wenn ich Freunde treffe oder am Wochenende in die Disko gehe. Ich glaube, jeder möchte gut aussehen, egal was er oder sie 30 behauptet. Und es beeinflusst uns natürlich, dass wir online immer diese perfekten Fotos sehen. Für unsere Eltern war es bestimmt früher einfacher. Die mussten sich nicht immer vergleichen.

b Lest die Texte noch einmal und ergänzt zu zweit die Sätze. Vergleicht dann mit einem anderen Paar.

1. Im Internet sehen Menschen oft perfekt aus, da …
2. Manche Jugendliche wollen keine normalen Fotos posten, weil …
3. Linus treibt Sport, da …
4. Anna findet das Aussehen nicht so wichtig, weil …
5. Miro trägt ausgefallene Kleidung, da …
6. Selin denkt, dass es für Jugendliche heute schwerer ist, weil …

G

Gründe nennen: Nebensatz mit *da/weil*

Linus macht Sport, **da/weil** er gut

aussehen will.

Da/Weil Linus gut aussehen will, macht er Sport.

c **Was ist eure Meinung zu dem Thema? Diskutiert in Kleingruppen.**

Meinung äußern	Zustimmen	Widersprechen
Ich denke/meine/finde, …	Das stimmt.	Das stimmt nicht.
Ich bin der Meinung, dass …	Ich finde, du hast recht.	Ich sehe das anders.
Meiner Meinung nach …	Das sehe ich auch so.	Das sehe ich nicht so.
Ich bin überzeugt, dass …		

Meiner Meinung nach ist Mode wichtig.

Ich sehe das anders: …

d **Schreibt eure Meinung in einem kurzen Text wie die Jugendlichen in 6a.**

Ich mache das, obwohl …

7

a **Hört die drei Gespräche und ergänzt die Sätze 1 bis 6. Vergleicht zu zweit und lest die Sätze abwechselnd.**

1.04

✦ ungesund sein ✦ kein Geld haben ✦ Spaß machen ✦ blöd finden ✦ teuer sein ✦ schlank bleiben wollen ✦

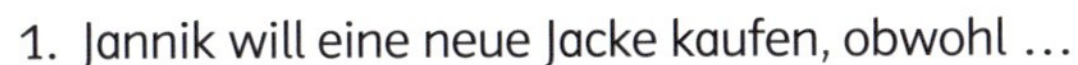

1. Jannik will eine neue Jacke kaufen, obwohl …
2. Clara kauft manchmal Marken-Kleidung, obwohl …
3. Sinan postet keine Fotos, weil …
4. Mia macht oft Selfies, weil …
5. Ole isst viel Obst und Gemüse, weil …
6. Paula isst viel Schokolade, obwohl …

G

Nebensatz mit *weil*

Er kauft die Jacke, **weil** sie preiswert ist.

Gegengründe nennen: Nebensatz mit *obwohl*

Er kauft die Jacke, **obwohl** sie teuer ist.

b **Arbeitet zu zweit und formuliert Sätze mit *obwohl* zu den Bildern A bis E. Sprecht zuerst und schreibt dann die Sätze ins Heft.**

8

Freie Wahl – A, B oder C?

A Ihr wollt euch die Haare färben oder ein besonderes Kleidungsstück tragen, aber euren Eltern gefällt das nicht. Spielt das Gespräch.

B Arbeitet zu zweit und erstellt eine Mindmap zum Thema des Kapitels mit Nomen, Verben und Adjektiven.

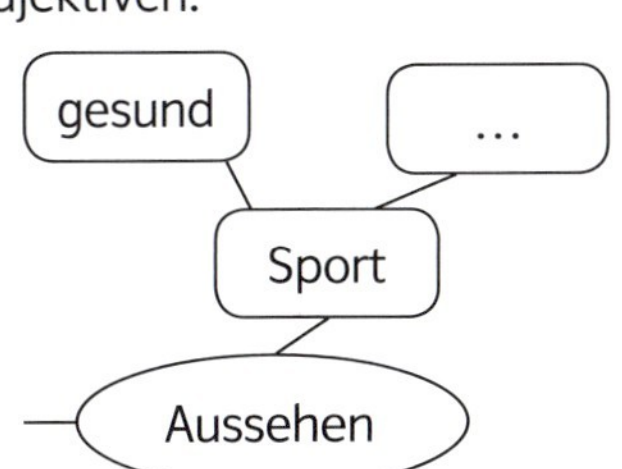

C Recherchiert einen Vlog oder Blog zum Thema Fitness, Mode oder … Beschreibt ihn. Was gefällt euch (nicht)?

Der Blog heißt …
In dem Blog geht es um …

Was kann ich nach Kapitel 1?

Wortschatz / Redemittel

Aussehen
die Figur, die Muskeln (Pl.), die Mode, das Make-up, der Stil, die Frisur, der Schmuck, gut aussehen, modern, altmodisch, hässlich, hübsch, schick, elegant, die Eitelkeit, die Schönheit

Körper und Hygiene
sich die Zähne putzen, sich schminken, sich rasieren, sich waschen, sich kämmen, sich die Haare schneiden/färben

Meinung äußern
Ich bin überzeugt, dass …
Ich bin der Meinung, dass …
Meiner Meinung nach …

Zustimmen
Das stimmt.
Ich finde, du hast recht.
Das sehe ich auch so.

Widersprechen
Das stimmt nicht.
Ich sehe das anders.
Das sehe ich nicht so.

Wie heißen die Wörter? Ergänzt.
die F _ g _ r
die M _ d _
der S _ _ _
die F _ i _ u _

Was macht ihr morgens im Bad? Sprecht zu zweit. Jeder nennt drei Aktivitäten.

Zuerst dusche ich, dann putze ich …

Lest die Sätze abwechselnd vor. Stimmt dann zu oder widersprecht.
1. In der Schule sollen alle die gleiche Kleidung tragen.
2. Man soll keine Fotos im Internet posten.
3. Man soll erst ab 18 ins Fitnessstudio gehen.
4. Man soll in den Zeitschriften weniger „perfekte" Menschen zeigen.

Meiner Meinung nach sollen in der Schule …

Ich sehe das anders.

Grammatik

Reflexive Verben mit Akkusativ und Dativ

Ich wasche **mich**.

Ich wasche **mir** die Haare.

Folgen nennen: *deshalb, daher, darum, deswegen*

Linus mag Sport, **daher** geht er regelmäßig ins Fitnessstudio.

Gründe nennen: Nebensatz mit *da/weil*

Linus macht Sport, **da/weil** er gut aussehen will.
Da/Weil Linus gut aussehen will, macht er Sport.

Gegengründe nennen: Nebensatz mit *obwohl*

Obwohl sie teuer ist, kauft er die Jacke.
Er kauft die Jacke, **obwohl** sie teuer ist.

Bildet Sätze.

Ergänzt die Sätze.
1. …, deswegen bleibe ich zu Hause.
2. …, daher geht er zum Friseur.
3. …, deshalb schminkt sie sich.
4. …, darum machen sie ein Selfie.

Verbindet die Sätze mit *da/weil*.
1. Amy will ein neues Kleid kaufen. Sie spart ihr Taschengeld.
2. Leon will seinen Freunden seine neue Jacke zeigen. Er postet Bilder im Internet.
3. Juli färbt ihre Haare grün. Sie findet das cool.
4. Felix möchte mehr Muskeln haben. Er macht viel Sport.

Ergänzt die Sätze.
1. Paula lernt nicht, obwohl …
2. Florian spielt Fußball, obwohl …
3. Clara joggt im Park, obwohl …
4. Luis kauft ein T-Shirt, obwohl …

Immer online 2

DU UND DEINE MEDIEN

Bist du ein Online-Freak oder liest du auch mal ein Buch? Hast du mehr Freunde im Netz oder im realen Leben? Was machst du online und was gefällt dir? Nervt dich auch etwas? Wir wollen eure Meinung wissen. Macht den Medientest.

1 Welche Medien benutzt du täglich?

_Smartphone
_Fernsehen
_Computer/Laptop
_Zeitung

2 Was hast du diese Woche heruntergeladen?

_Bücher
_Apps
_Programme
_Spiele

3 Wann schreibst du besonders viele Nachrichten?

_Vor der Schule
_Nach der Schule
_Am Wochenende

4 Welche Blogs besuchst du oft?

_Mode
_Sport
_Musik
_Technik

5 Was streamst du?

_Serien
_Kurzfilme
_Spielfilme
_Sport

6 Was nervt dich, wenn du online bist?

_Viel Werbung
_Zu viele Informationen
_Immer antworten müssen
_Blöde Kommentare

7 Welche Medien möchtet ihr in der Schule mehr nutzen?

_Smartphone
_Laptop
_Tablet
_Interactive Whiteboard

8 Wie lange am Tag bist du offline?

_nie (0 Stunden)
_wenn ich schlafe (6–8 Stunden)
_wenn ich mit meinen Eltern zusammen bin (3 Stunden)

9 Kannst du für eine Woche auf dein Smartphone verzichten?

_Ja, kein Problem.
_Höchstens für zwei Tage.
_Nein, bestimmt nicht.

1 a Macht den Medientest aus dem Magazin. Sammelt dann in der Klasse die Ergebnisse. Welche Ergebnisse habt ihr erwartet? Was war neu für euch?

1	2
Smartphone ǂǂǂǂ ǂǂǂǂ ǂǂǂǂ I	Bücher
Fernsehen ǂǂǂǂ ǂǂǂǂ III	Apps
Computer/Laptop ǂǂǂǂ ǂǂǂǂ ǂǂǂǂ I	…
Zeitung ǂǂǂǂ III	

Acht Leute lesen Zeitung? Cool.

b Beantwortet den Fragebogen noch einmal. Dieses Mal für eure Eltern und ohne Fragen 3 und 7. Welche Unterschiede gibt es? Sprecht in der Klasse.

Das lernen wir: einen Radiobeitrag zu Medien verstehen | über Studien zur Mediennutzung sprechen | Regeln für die Mediennutzung aufstellen und präsentieren | über Vorlieben sprechen | einen Artikel über Sprachassistenten verstehen | Anzeigen verstehen | in einem Chat in Chatsprache schreiben | **Grammatik:** (WH) unbestimmte Zahlwörter | (WH) Adjektive nach dem bestimmten und dem unbestimmten Artikel | Komparativ und Superlativ als Adjektiv | Adjektive ohne Artikel | **Aussprache:** *s*-Laute

Medien für alle – Regeln für alle

2 **a** **Wörter zu den Medien – Was passt zusammen? Ordnet Nomen und Verben zu. Es gibt mehrere Lösungen. Vergleicht dann zu zweit.**

1. eine Nachricht	A herunterfahren
2. eine App	B aufnehmen
3. eine Serie/Sendung	C bekommen
4. einen Bericht im Radio	D benutzen
5. den Wetterbericht in der Zeitung	E herunterladen
6. Streamingdienste	F hören
7. ein Video	G drucken
8. einen Link	H googeln
9. Informationen	I lesen
10. einen Artikel	J anklicken
11. den Computer	K ansehen

b **Was habt ihr gestern gemacht? Wählt drei Ausdrücke aus 2a und erzählt. Schreibt dann die Sätze.**

c **Ihr hört gleich ein Radiointerview zum Thema „Medienverhalten von Jugendlichen" mit der Medienexpertin Dr. Maria Hausmann. Lest fünf Fragen zu dem Interview. Wie könnten die Antworten lauten? Vermutet.**

1. Welche Vorlieben haben Jugendliche bei den Medien?
2. Was machen Jugendliche am liebsten online?
3. Nutzen Jugendliche noch das Fernsehen offline oder nutzen sie lieber Streamingdienste?
4. Wie viele Jugendliche spielen Video- oder Online-Spiele?
5. Sind junge Menschen beim Thema „Medien" kritischer geworden?

d **Hört jetzt das Interview und macht Notizen zu den Fragen 1 bis 5. Welche Ergebnisse aus der Studie passen zu euren Vermutungen aus 2c? Was war neu?**

e **Lest die Satzanfänge, hört noch einmal und ergänzt die Aussagen.**

Tipp!
die Hälfte = 50 %
ein Drittel = 33,33 %
ein Viertel = 25 %
ein Fünftel = 20 %

1. Fast alle deutschen Jugendlichen sind mit ihrem Smartphone im …
2. 60 Prozent sehen im Internet gerne …
3. Musik hören viele deutsche Jugendliche am liebsten …
4. Fast die Hälfte liest gerne …
5. Über ein Drittel liest auch regelmäßig …
6. Online- oder Videospiele spielen bloß 35 Prozent …
7. Viele Kinder finden es gut, wenn Regeln für …
8. 64 Prozent denken, dass ihre Eltern mehr Zeit mit Medien verbringen als …

f **Vergleicht eure Ergebnisse in Gruppen. Welche Ergebnisse könnten in eurem Land anders sein?**

3 **Arbeitet in drei Gruppen. Stellt Regeln für die Mediennutzung auf. Gruppe 1 für die Familie, Gruppe 2 für die Schule und Gruppe 3 für Freunde. Schreibt eure Regeln auf Plakate und präsentiert sie in der Klasse.**

Regel Nummer 1:
Keine Handys, wenn wir essen!
Regel Nummer 2:
Sei höflich und …

Regeln formulieren
Ihr müsst …
Man darf nicht …
Man kann/soll nicht …
Wenn … dann …

Wenn wir essen, sollen wir keine Handys nutzen.

4

a ***Alle, manche, …* – Ihr hört einige Aussagen von Frau Dr. Hausmann aus 2d noch einmal. Ordnet die Zahlwörter auf der Skala ein.**

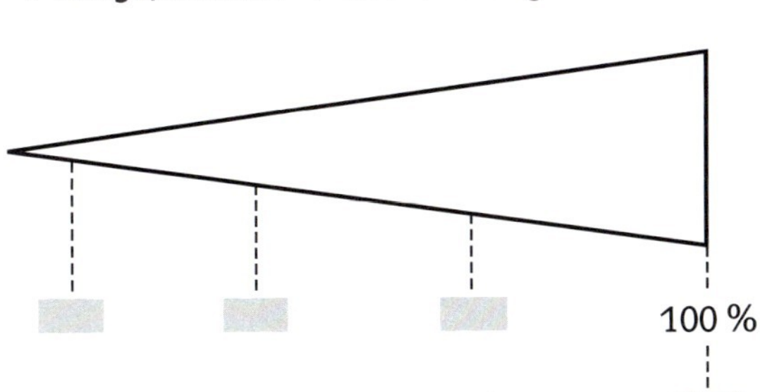

G (WH)

Das wisst ihr schon!
Unbestimmte Zahlwörter
Alle (Schüler) …
Viele (Eltern) …
Manche/Einige (Lehrer) …
Wenige (Schüler) …
Nominativ: Alle Schüler machen ein Interview.
Akkusativ: Der Lehrer fragt alle Schüler.
Dativ: Der Lehrer spricht mit alle**n** Schülern.

b **Seht die Grafik an. Welche Geräte besitzen *manche, einige, viele …* Jugendliche? Bildet Sätze.**

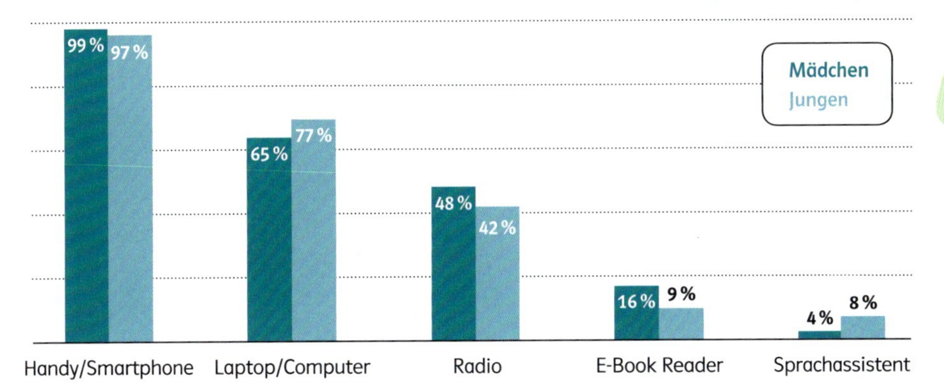

Fast alle Jugendlichen haben …

97 Prozent von den Jungen …

5

a **Was findet ihr persönlich am besten? Wofür nutzt ihr welche Medien am liebsten? Macht Notizen zu drei Aktivitäten. Geht dann durch die Klasse und macht Partnerinterviews. Notiert die Antworten und sammelt die Ergebnisse in Gruppen.**

✦ Musik hören ✦ Nachrichten sehen ✦ Spielfilme sehen ✦ Spiele spielen ✦ Nachrichten an Freunde senden ✦ Informationen suchen ✦ bloggen ✦ für die Schule lernen ✦

Wie spielst du Spiele?

Ich spiele am liebsten am Computer.

Über Vorlieben sprechen
Am liebsten höre/sehe ich …, weil …
Mir persönlich gefallen/gefällt … am besten, wenn ich …
… finde ich für … sehr gut, denn …
Wenn ich … will, dann benutze ich meistens …
… mag ich sehr, weil …

b **Fragt fünf Freunde in eurer Muttersprache, welche Medien sie am liebsten nutzen. Präsentiert die Ergebnisse auf Deutsch.**

6

a **Sag mal … *s*-Laute – Welchen Laut hört ihr? Sortiert die Wörter in eine Tabelle.**

s wie in sagen	s wie in bis

✦ lesen ✦ die Serie ✦ dass ✦ sie ✦ senden ✦ die Klasse ✦ sind ✦ am liebsten ✦ fernsehen ✦ es ✦ der Dienst ✦ das Smartphone ✦ suchen ✦

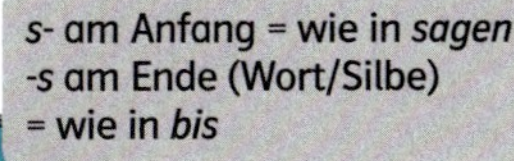

s- am Anfang = wie in *sagen*
-s am Ende (Wort/Silbe) = wie in *bis*

b **Hört noch einmal zur Kontrolle und sprecht mit.**

c **Sucht aus Kapitel 1 zehn weitere Wörter und übt in Gruppen wie in 6a und b.**

Das ist ein Kassettenrekorder

7 a Was ist das? – Welche Geräte und Gegenstände seht ihr auf dem Bild?

das Radio
die CD
der Fernseher
der Plattenspieler
der Smartspeaker
das Handy
das Tablet

der Kassettenrekorder
der Computer
der Laptop
die Kassette
das Telefon
die Schallplatte
der CD-Player

1.08 **b Hört das Gespräch von Kim und ihren Freunden. Über welche Geräte sprechen sie? Wählt aus und vergleicht.**

c Lest die Fragen und hört das Gespräch noch einmal. Macht Notizen zu den Fragen. Vergleicht in der Klasse.

1. Warum ist in Kims Wohnzimmer Chaos?
2. Warum streiten Kims Eltern?
3. Welche Geräte funktionieren, welche nicht?
4. Was sagt Lexana zu Kim?

> 1. Kims Eltern wollen auf den Flohmarkt gehen und …

d Wie beschreiben die Jugendlichen die Geräte? Hört und ergänzt die Adjektive. Achtet auf die Endungen.

1. Das sind ja ___ Sachen.
2. Das ist ein ___ Kassettenrekorder.
3. Die ___ Kassette gehört in den Rekorder.
4. Ihr hattet mal so ein ___ Telefon?
5. Das ___ Telefon gehört meiner Oma.
6. Das dauert ja lange mit so einem ___ Telefon.
7. Kann man mit dem ___ Plattenspieler Musik abspielen, Kim?
8. Hier ist eine ___ Schallplatte.
9. Mein Vater hat den ___ Smartspeaker gekauft.

e Arbeitet in Gruppen. Eine Gruppe erstellt eine Tabelle mit den Adjektiven nach dem bestimmten Artikel, die andere Gruppe mit den Adjektiven nach dem unbestimmten Artikel.

	Adjektivendungen nach dem unbestimmten Artikel			
	Nominativ	Akkusativ	Dativ	
der	ein alter	einen ___	einem ___	Rekorder
das				

	Adjektivendungen nach dem bestimmten Artikel			
	Nominativ	Akkusativ	Dativ	
	der alte	den ___	dem ___	Rekorder
	das			

f Welche Geräte habt ihr zu Hause? Welche hättet ihr gern? Sprecht in Gruppen.

Meine Eltern haben einen Karton mit alten Platten aufgehoben. Leider können wir …

Ich hätte gern einen großen Fernseher in meinem Zimmer. Aber meine Eltern …

8 **a** **Sprachassistenten – Was können sie? Benutzt ihr selbst welche? Was fragt ihr sie? Was waren die lustigsten Antworten? Was sind die Vor- und Nachteile? Sprecht in Gruppen.**

> Meine Eltern haben einen Smartspeaker. Er kann …

b **Lest den Artikel und die Fragen A bis D. In welcher Reihenfolge beantwortet der Text die Fragen? Formuliert die Antworten in der Klasse.**

Sprachassistenten beliebt, aber nicht bei allen

Heute gibt es kaum noch Smartphones ohne einen Sprachassistenten und in einigen Wohnungen stehen Smartspeaker mit Sprachassistenten. Die Leute befehlen ihren Sprachassistenten, dass sie Musik abspielen, etwas in den Kalender eintragen, Nachrichten vorlesen oder die Wettervorhersage checken. Einige verbinden die Sprachassistenten auch mit anderen Geräten wie dem Kühlschrank oder den Lampen. Oder sie bedienen mit ihnen die Heizung. Und das ganz ohne Fernbedienung. Das kann z. B. für ältere Menschen ein einfacheres Leben bedeuten. Für sie können die Sprachassistenten viele Aufgaben übernehmen. Die jüngere Generation in Deutschland, besonders die 12- bis 19-Jährigen, benutzt die Sprachassistenten seltener. Einige Jugendliche nutzen sie nur, wenn sie sich langweilen, und stellen sinnlose Fragen wie „Alexa, wie macht der Pinguin?“ oder „Hey Cortana, kennst du Siri?“ Wer hat den lustigsten Befehl oder stellt die verrückteste Frage?
Einige Jugendliche benutzen die Assistenten lieber nicht, weil sie nicht mit einem Gerät sprechen wollen. Andere sagen, sie sind schneller, wenn sie es selbst machen, und sie überlegen auch, was mit ihren Daten passieren kann. Manche wollen die Sprachassistenten nutzen, aber oft können diese eine schwierigere Frage oder einen komplexeren Befehl nicht verstehen.

Doch die Hersteller verbessern die Geräte ständig. Die Sprachassistenten werden immer klüger und die neuesten Modelle können schon viel bessere Antworten geben. In der Zukunft können sie wahrscheinlich auch Gefühle verstehen und Tipps geben. Sicher ist, dass auch in Deutschland die immer intelligenteren Sprachassistenten wichtiger werden, allgemein mehr Menschen Sprachassistenten nutzen und sie immer mehr Aufgaben für uns übernehmen.

A Wer benutzt Sprachassistenten nicht so oft und warum?
B Wie sieht die Zukunft von Sprachassistenten aus?
C Für wen können die Assistenten besonders wichtig sein?
D Was machen die Sprachassistenten für die Menschen?

c **Adjektive im Komparativ und Superlativ können auch vor Nomen stehen. Sammelt Beispiele im Text. Zu welchen Regeln gehören sie?**

den lustigsten Befehl, Regel 2
die jüngeren Menschen, Regel 1

G **Komparativ und Superlativ als Adjektiv**
ein lustigerer der lustigere der lustigste Befehl
1. Komparativ: Adjektiv+*er*+Endung
2. Superlativ: bestimmter Artikel ~~*am*~~ Adjektiv+*st*+Endung

d **Ergänzt die Sätze mit einem Nomen. Es gibt viele Möglichkeiten. Ergänzt mit Fantasie. Vergleicht eure Sätze in der Klasse.**

1. Ich trage heute eine coolere ___ als gestern.
2. Möchtest du die größere ___ haben?
3. Ich habe einen besseren ___ bekommen.
4. Wir kaufen heute ein moderneres ___ .
5. Wer von euch hat kleinere ___ ?
6. Die längeren ___ finden wir besser.

Netter Schüler sucht einfachen Job

9 **a** **Seht die Bilder an und lest die Anzeigen. Zu wem passt welche Anzeige? Eine Anzeige bleibt übrig.**

A
Seniorenclub sucht dringend freundliche Schülerin / freundlichen Schüler für neuen Computerkurs, einmal wöchentlich. Arbeitest du gern mit älteren Menschen und kennst dich gut mit Computern und dem Internet aus? Melde dich unter: ...

B
Netter, flexibler Schüler sucht einfachen Schülerjob: Zeitungen austragen, babysitten, Hunde ausführen, einfache Gartenarbeit usw.
Bitte melden: ...

C
Suche gebrauchten Drucker in gutem Zustand. Biete 30 €! Schreib mir eine Nachricht: 01535 12345678

D
Verkaufe gebrauchtes Handy, nur zwei Jahre alt, modernes Design, mit guter Kamera und 32GB Speicher.

b **Lest die Beispiele und ergänzt die Adjektive. Die Anzeigen in 9a helfen. Was fällt euch an den Endungen auf? Formuliert eine Regel.**

G

Adjektive ohne Artikel

	Nominativ	Akkusativ	Dativ
der	___ Schüler	___ Drucker	___ Zustand
das	gebraucht**es** Handy	___ Handy	gebraucht**em** Handy
die	___ Gartenarbeit	___ Schülerin	___ Kamera
die	ält**ere** Menschen	ält**ere** Menschen	___ Menschen

c **Lest die Annoncen und ergänzt ein passendes Adjektiv. Es gibt mehrere Möglichkeiten. Lest eure Anzeigen vor. Welche gefällt euch am besten?**

✦ gutem ✦ interessante ✦ einzelnen ✦ verschiedene ✦ motivierten ✦ praktischer ✦
✦ bekannte ✦ tolle ✦ erfahrenen ✦ wichtiges ✦ perfektem ✦

1 Suche ___ Trainer mit ___ Erfahrung auf Turnieren. Du sollst mich auf ___ Turnier vorbereiten. Biete 5 € pro Stunde.

2 Verkaufe ___ Spiele für ___ Spielkonsolen, insgesamt 10 Spiele. Verkauf von ___ Spielen möglich. Alle Spiele in ___ Zustand. 5 € pro Spiel.

Wmds? – Nix.

2

10

a Drei Chats – Lest die Chatnachrichten. Welche Nachrichten passen zusammen?

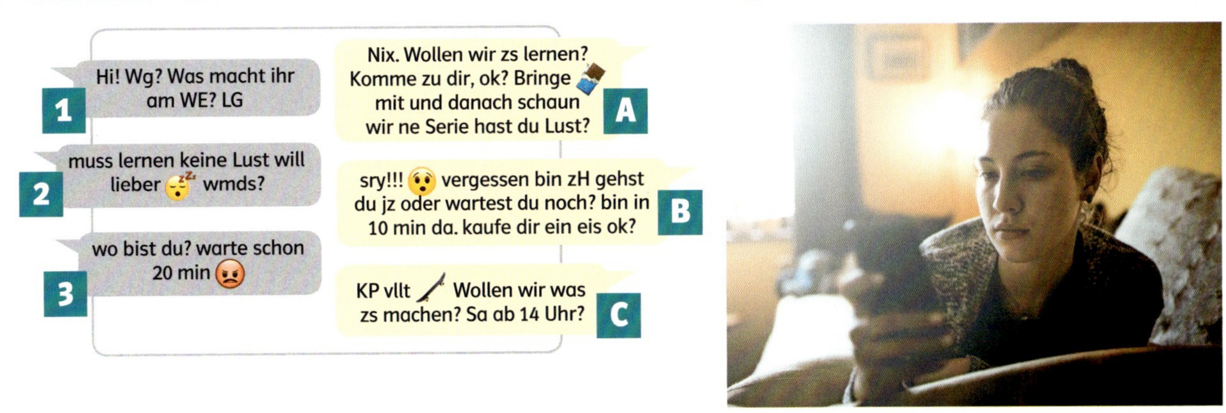

b Was heißen die Abkürzungen in den Chats? Ordnet zu und sprecht in der Klasse.

1. zu Hause
2. vielleicht
3. Wochenende
4. Keinen Plan. / Keine Ahnung.
5. Minuten
6. Was machst du so?
7. Liebe Grüße
8. jetzt
9. zusammen
10. Wie geht's?
11. Samstag
12. sorry/Entschuldigung
13. nichts
14. schauen wir eine

„jz" bedeutet bestimmt „jetzt".

Und „Wg" heißt …

c Wählt einen Chat aus 10a und schreibt den Chat weiter. oder **Schreibt einen eigenen Chat mit Abkürzungen.**

d Welche Abkürzungen benutzt ihr? Wie unterscheidet sich in eurem Land die Chatsprache von der normalen geschriebenen Sprache?

In Chatnachrichten gibt es wenige Personalpronomen, keine Kommas, wenige Punkte. Manche Leute benutzen Großbuchstaben, manche nicht.

11

Freie Wahl – A, B oder C?

A Schreibt Quatschanzeigen mit vielen Adjektiven ohne Artikel. Lasst die Endungen weg. Tauscht mit einem Partner / einer Partnerin und ergänzt die Endungen. Hängt die Anzeigen in der Klasse auf. Welche Anzeige ist am lustigsten?

B Schreibt zu viert mindestens 16 Medien und Geräte auf Karten. Bildet zwei Teams. Mischt die Karten. Person A aus Team 1 zieht eine Karte und beschreibt das Wort, Person B rät. Nach einer Minute ist das andere Team dran. Wer hat am Ende die meisten Karten?

C Medien der Superlative: Was ist das beste Jugendbuch, der teuerste Laptop, das beliebteste Computerspiel, … in eurem Land? Sammelt Fragen mit Superlativen und recherchiert. Erstellt ein Plakat und stellt es in der Klasse vor.

Was kann ich nach Kapitel 2?

Wortschatz / Redemittel

Medien
die App, der Streamingdienst, die Kassette, das Tablet, die Daten (Pl.), der Befehl, der Sprachassistent, der Chat, der Blog, streamen, herunterladen, drucken, anklicken, online/offline

Über Vorlieben sprechen
Am liebsten höre/sehe ich …, weil …
Mir persönlich gefallen/gefällt … am besten, wenn ich …
… finde ich für … sehr gut, denn …
Wenn ich … will, dann benutze ich meistens …
… mag ich sehr, weil …

Chatsprache verstehen

WE = Wochenende	sry = Entschuldigung
Wg = Wie geht's?	zs = zusammen
zH = zu Hause	kP = keinen Plan

Alles falsch! Kombiniert richtig.
eine Zeitung anhören
Streamingdienste lesen
einen Spielfilm nutzen
eine Kassette ansehen

Welche Medien nutzt ihr besonders gern? Wählt zwei Medien aus und sprecht über eure Vorlieben.

Was bedeuten die Sätze? Übersetzt.

Hallo! Wg? Bist du zH?
Ja. Wollen wir am WE zs …?

Grammatik

Unbestimmte Zahlwörter
Alle (Schüler) … *100%*
Viele (Eltern) …
Einige / Manche (Lehrer) …
Wenige (Jugendliche) … 5%

Nominativ: Alle Schüler sind in der Klasse.
Akkusativ: Der Lehrer fragt alle Schüler.
Dativ: Der Lehrer spricht mit alle**n** Schülern.

Komparativ und Superlativ als Adjektiv
ein lustigerer Befehl
der lustigere Befehl
der lustigste Befehl
1. haben die gleichen Endungen wie normale Adjektive vor Nomen.
2. haben im Superlativ kein *am*.
3. stehen im Superlativ nur mit bestimmtem Artikel.

Adjektive ohne Artikel

Nominativ	Akkusativ	Dativ
netter Schüler	seltenen Comic	gutem Zustand
gebrauchtes Handy	gebrauchtes Handy	gebrauchtem Handy
einfache Gartenarbeit	freundliche Schülerin	guter Kamera
ältere Menschen	ältere Menschen	älteren Menschen

Was machen Jugendliche online?

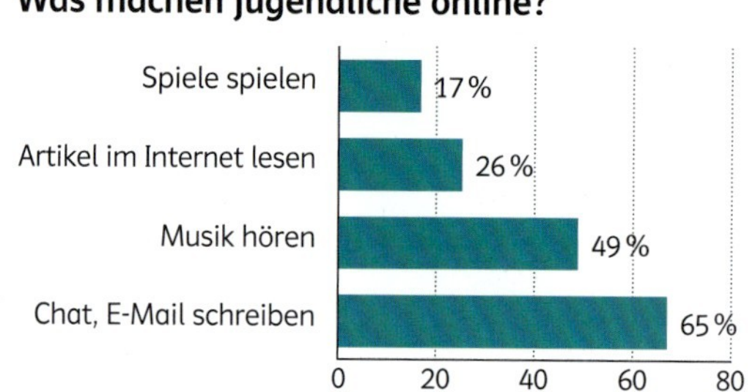

Ergänzt die Dialoge zu zweit.
● Der Film war sehr lustig.
○ Na ja, ich habe schon lustig___ Filme gesehen.
● Echt? Für mich war das der lustig___ Film.

● Hast du eine besser___ Note als ich im Test?
○ Ja, ich habe die best___ Note.
● Wow! Glückwunsch!

Ergänzt die Adjektive zu zweit.

1. **Nett___ Lehrer bietet Nachhilfe.**
2. Biete gebraucht___ Laptop, fast neu.
3. Suche alt___ Kassetten mit cool___ Musik, 1970 – 1980.

Schmeckt das?

START

Wie heißen die Wörter?
das Besteck
der
die
das

Sind gemeinsame Mahlzeiten in der Familie wichtig? Warum (nicht)? Sagt eure Meinung.

In welcher Reihenfolge isst man normalerweise?
✦ das Dessert/die Nachspeise ✦
✦ die Hauptspeise ✦
✦ die Vorspeise ✦

Was esst ihr oft und was ist euer Lieblingsessen? Erzählt.

Wie heißen die Wörter?

Zitronen sind esaru.
Chilis sind hscafr.
Schokolade ist üsß.
Kaffee schmeckt bttire.
Chips sind algzis.

Probiert ihr gern neues, unbekanntes Essen? Erzählt.

Was passt zusammen?

einen Kuchen	kochen
eine Suppe	braten
Fleisch	backen

Was esst ihr in der Schule? Erzählt.

Wie heißen die Wörter?

Welche Zutaten braucht man für euer Lieblingsessen? Nennt drei.

Ernährt ihr euch gesund oder esst ihr häufig Fast Food? Erzählt.

DOSEFLASCHEPACKUNGGLAS

Ergänzt.
Kauf bitte eine … Tomaten
eine … Essig, ein … Honig
und eine … Butter.

ZIEL

1 **Rund ums Essen – Spielt zu zweit. Jeder hat eine Münze. Werft abwechselnd eure Münzen und beantwortet die Fragen: Kopf = Ihr geht ein Feld vorwärts. Zahl = Ihr geht zwei Felder. Wer ist zuerst im Ziel?**

Das lernen wir: Informationen zu einem Schulfest verstehen | etwas oder jemanden näher beschreiben | ein Rezept verstehen und beschreiben | Texte zum Thema „Konsum und Umwelt" verstehen | eine Aufforderung, einen Rat oder eine Meinung ausdrücken | einer Meinung zustimmen und widersprechen | **Grammatik:** Relativsatz im Nominativ und Akkusativ | Indefinita: *irgendjemand, irgendwer, irgendwo, …* | Konjunktiv II von *sollen* | **Aussprache:** Auslautverhärtung *b – d – g*

Das Schulfest

2 a Das Fest der Kulturen – Was für ein Schulfest kann das sein? Was kann man da machen? Was kann man dort essen? Sprecht in Gruppen und äußert Vermutungen.

Fest der Kulturen – Wir sind bunt

b Lest die Aussagen und sammelt Informationen zu dem Fest. Waren eure Vermutungen richtig?

Mila und Valentin, 17: Die Schülerinnen und Schüler an unserer Schule stammen aus 30 verschiedenen Ländern. Das finden wir toll und organisieren deshalb ein interkulturelles Fest.

Jamal, 14: Ich finde die Idee echt gut. Mein Hobby ist Kochen und ich freue mich, wenn ich Gerichte aus anderen Ländern essen kann. Ich bin immer neugierig auf neue Speisen. Das wird ein tolles Büfett.

Nick, 16: Jede Klasse entscheidet sich für ein Land und stellt es vor. Unsere Klasse hat sich für die Türkei entschieden. Das finde ich richtig gut, denn viele Schüler an unserer Schule sind türkischer Herkunft. Und ich war selber schon oft im Urlaub dort.

Naira, 15: Ich finde es super, wenn jeder ein typisches Gericht aus einem Land mitbringt. Ich komme ursprünglich aus Armenien und lebe seit sechs Jahren hier. Jetzt können meine Mitschüler das Essen aus meinem Heimatland probieren.

Frau Schmidke: Diese Idee muss man unterstützen und ich helfe den Schülern gerne bei der Organisation. Weil das Fest schon am 15. Juli stattfindet, ist die Zeit etwas knapp. Aber wir schaffen das, da bin ich optimistisch.

Olivia, 15: Es gibt viele Aktionen auf dem Schulfest. Man kann zum Beispiel einen Minisprachkurs besuchen, Musik machen oder traditionelle Tänze üben. Ich möchte ein paar Wörter Arabisch lernen. Das wird toll! Mein Bruder ist früher auch auf diese Schule gegangen. Er kommt auch!

c Lest die Aussagen in 2b noch einmal und verbindet die Sätze.

1. Mila und Valentin sind die Jugendlichen,
2. Jamal ist ein Schüler,
3. Nick ist ein Junge,
4. Naira ist das Mädchen,
5. Frau Schmidke ist die Lehrerin,
6. Olivia ist eine Schülerin,
7. Olivia hat einen Bruder,

A die ein bisschen Arabisch lernen will.
B das aus Armenien kommt.
C der früher auch auf der Schule war.
D die das Fest organisiert haben.
E der gern kocht.
F der schon oft in der Türkei war.
G die bei der Organisation hilft.

G

Relativsatz im Nominativ

Jamal ist ein Junge. **Der** Junge probiert gern neue Gerichte.

Jamal ist ein Junge, **der** gern neue Gerichte probiert.

Die Relativpronomen im Nominativ haben die gleiche Form wie die Artikel: der, das, die, die

3

d **Wie heißen die Sätze 1 bis 7 aus 2c in eurer Sprache? Was ist gleich, was ist anders?**

e **Arbeitet zu zweit und bildet Relativsätze. Sprecht zuerst und schreibt dann die Sätze ins Heft.**

1. Die Schüler organisieren eine Party. Sie zeigt die Vielfalt an der Schule.
2. An der Schule gibt es viele Lehrer. Sie finden die Idee toll.
3. Valentin hat einen Programm-Flyer gestaltet. Er liegt in allen Klassen.
4. Jeder soll ein Gericht vorbereiten. Es ist typisch für ein Land.
5. Aber die Schüler sollen auch Dinge probieren. Sie sind neu für sie.
6. Zu dem Schulfest kommen Schüler, Lehrer und Eltern. Es findet am 15. Juli statt.
7. Der Direktor freut sich auch auf den Tag. Er eröffnet das Fest um 16 Uhr.

> **G**
>
> **Stellung von Relativsätzen**
>
> Relativsätze stehen nah bei dem Nomen, das sie beschreiben.
>
> Zu dem Schulfest, **das** am 15. Juli stattfindet, kommen Schüler, Lehrer und Eltern.
>
> Wenn nach dem Nomen nur noch ein Verb steht, steht der Relativsatz meistens hinter diesem zweiten Verbteil.
>
> Valentin hat einen Programm-Flyer gestaltet, **der** in allen Klassen liegt.

3 a **Nach dem Fest – Hört den Bericht. In welcher Reihenfolge hört ihr das? Notiert und lest die Sätze in der richtigen Reihenfolge vor.**

A Eine Klasse hat eine Präsentation vorbereitet, die man auch im Internet anschauen kann.
B Die Schüler konnten viele Gerichte probieren, die sie vorher nicht kannten.
C Das Fest, das die Schüler und Schülerinnen organisiert haben, war ein voller Erfolg.
D Auf dem Fest hat auch ein Schüler gesungen, den alle super finden.
E Der Direktor, den die Schüler sehr mögen, hat ein Lied auf der Gitarre gespielt.

> **G**
>
> **Relativsatz im Akkusativ**
>
> Der Direktor hat ein Lied gesungen. Alle Schüler mögen **den** Direktor sehr.
>
> Der Direktor, **den** alle Schüler sehr mögen, hat ein Lied gesungen.
>
> Die Relativpronomen im Akkusativ haben die gleiche Form wie die Artikel: den, das, die, die

b **Vergleicht die Relativsätze im Nominativ und im Akkusativ in den Grammatikkästen. Was ist anders?**

c **Bildet Relativsätze. Sprecht zu zweit und schreibt dann die Sätze ins Heft.**

1. … ist der Lehrer, den wir …
2. … ist die Lehrerin, die die meisten Schüler …
3. … heißt das Fest, das wir …
4. … sind meine Freunde, die ich …

d **Rätsel – Spielt in der Klasse. Jeder bildet fünf Relativsätze im Nominativ oder Akkusativ. Wer oder was ist das? Die anderen raten.**

Das ist ein Gericht, das viele am liebsten jeden Tag essen möchten.

Spaghetti!

Das ist ein Lehrer, den alle Schüler mögen.

Herr Bauer!

So gelingt es!

4 **a** **Kocht ihr manchmal? Seht ihr Kochsendungen und -videos oder lest ihr Koch-Blogs? Sprecht in Gruppen.**

b **Lest im Rezept in 4c die Liste mit den Zutaten. Welche Wörter kennt ihr schon? Sammelt sie an der Tafel.**

c **Seht die Fotos an und lest noch einmal die Zutatenliste. Wie heißen die Zutaten? Sprecht in der Klasse.**

Foto 7 ist Hackfleisch, oder?

www.4xumgerührt.de

Hey Koch-Fans! Schön, dass ihr auf meinem Blog vorbeischaut. Heute zeige ich euch, wie man ein ausgezeichnetes Chili con Carne zubereitet. Lecker und nicht kompliziert, in 45 Minuten fertig und der Hit auf jeder Party. Da werden alle satt!

Chili con Carne für 4 Portionen

Das braucht ihr:

- 800 g Hackfleisch
- 2 Zwiebeln
- 3 Knoblauchzehen
- Öl oder Margarine zum Braten
- 1 Paprika
- 800 g Tomaten in kleinen Stücken (aus der Dose oder frisch)
- 2 Dosen rote Bohnen (480 g)
- 1 Dose Mais (150 g)
- ½ l Gemüsebrühe
- Gewürze (Pfeffer, Salz, Chili …)

Tipp!
1 l = 1 Liter
100 g = 100 Gramm
500 g = 1 Pfund
1 kg = 1 Kilogramm

So geht's:

- zunächst Zwiebeln und Knoblauch klein schneiden
- Öl oder Margarine in die Pfanne geben und Zwiebeln mit Hackfleisch in der Pfanne braten
- Paprika waschen, schneiden und zum Hackfleisch in die Pfanne geben
- Brühe in die Pfanne gießen und Tomaten dazugeben
- mit Salz, Pfeffer usw. würzen und bei mittlerer Hitze kochen
- am Ende die Bohnen waschen und ins Chili geben
- eventuell nochmals würzen

Rezepte formuliert man mit Infinitiven.

Fertig ist das Chili. Dazu passt leckeres Brot oder Baguette. Guten Appetit! 😉

Tipp!
- Guten Appetit!
- Danke, gleichfalls!

Tipp! Man kann Chili auch vegetarisch genießen. Mehr Infos dazu gibt's hier.
Wenn es euch geschmeckt hat, schreibt doch einen Kommentar. Ich bin gespannt.

d **Chili zubereiten – Lest die Kochanleitung in 4c und seht die Bilder A bis E an. Bringt die Bilder in die richtige Reihenfolge.**

e **So geht's – Lest noch einmal. Wie bereitet man das Chili zu? Sprecht zu zweit über das Rezept.**

Man muss zuerst Zwiebeln klein schneiden.

Dann …

f **Welche Informationen oder Tipps stehen noch in dem Rezept? Sammelt sie in der Klasse.**

Das Rezept ist für vier …

Man bereitet es …

g **Was bringt ihr zur Schulparty mit? Sucht ein einfaches Rezept. Welche Zutaten braucht man? Wie bereitet man das Gericht zu?**

Für mein Rezept braucht man ...

Mein Gericht kann man leicht zubereiten. Zuerst ...

Kochen und backen
das Gemüse / … waschen
die Zwiebeln / die Pilze / die Möhren / die Aprikosen… klein / in Stücke schneiden
das Fleisch / das Steak … in der Pfanne zubereiten/braten
die Schlagsahne / den Teig / … in eine Schüssel geben/gießen
die Zutaten / das Mehl und den Zucker / … mischen
die Suppe / … kochen
den Topf / … auf den Herd stellen / vom Herd nehmen
den Kuchen in den Ofen stellen / aus dem Ofen nehmen
den Kuchen bei geringer / mittlerer Hitze im Backofen backen
die Soße mit Pfeffer und Salz würzen

h **Sammelt die Rezepte aus der ganzen Klasse und gestaltet einen Blog oder ein Klassenkochbuch.**

5

a **Sag mal … *p* oder *b*, *t* oder *d*, *k* oder *g*? – Wie klingen die markierten Laute? Hebt die Hand, wenn ihr *p*, *t* oder *k* hört.**

1 a das Lan**d** b die Län**d**er
2 a ge**b**en b Gi**b**!
3 a a**b** b a**b**er
4 a der Erfol**g** b die Erfol**g**e
5 a Fra**g**! b die Fra**g**e
6 a Schnei**d**! b schnei**d**en

b **Hört die Wörter und sprecht nach.**

ha**b**en – hal**b** – das Le**b**ensmittel – a**b** – frem**d** – der La**d**en – bal**d**
der Rin**d**erbraten – die Schla**g**sahne – fra**g**en – sa**g**en

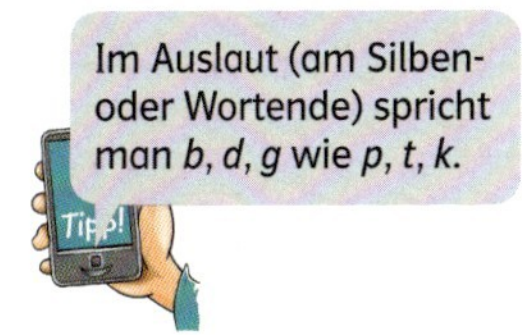

c **Sprecht die Dialoge zu zweit. Achtet auf die Aussprache.**

1
- ● Ist das Fleisch vom Rin**d**?
- ○ Ja, das ist Rin**d**erbraten.
- ● Mhm, lecker.

2
- ● Kannst du mir das Salz ge**b**en?
- ○ Wie bitte?
- ● Gi**b** mir mal das Salz, bitte.

3
- ● Ich habe eine Fra**g**e: Isst dein Bruder Fleisch?
- ○ Fra**g** ihn doch selbst!

d **Schreibt und sprecht eigene Dialoge mit den Wörtern aus 5a oder b.**

Anders konsumieren für die Umwelt

6 **a** **Lest zwei Überschriften von Artikeln zum Thema „Anders konsumieren für die Umwelt". Worum geht es wohl in den Texten? Äußert Vermutungen in der Klasse.**

Bei Titel A ist das Thema vielleicht …

A **Das kommt nicht in die Tüte** B Essen retten aus dem Abfall

b **Was meint ihr: Welche Wörter passen zu welcher Überschrift? Begründet.**

✦ das Haltbarkeitsdatum ✦ der Verpackungsmüll ✦ das Containern ✦ die unverpackten Produkte ✦ die Lebensmittelverschwendung ✦ der Diebstahl ✦ die Plastiktüte ✦

Ich glaube „das Haltbarkeitsdatum" passt zur Überschrift …, weil …

c **Lest die Texte und ordnet die Überschriften aus 6a zu. Hattet ihr mit euren Vermutungen recht?**

1

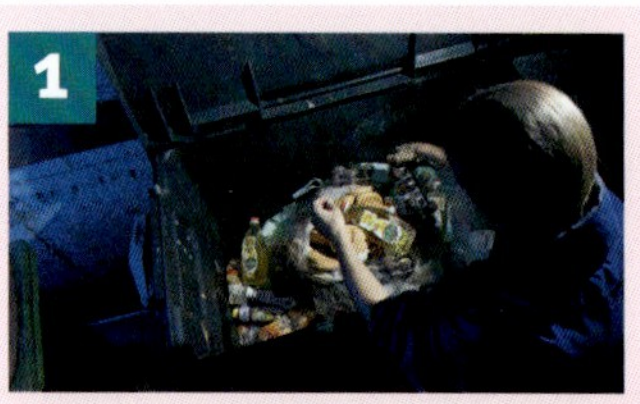

In Deutschland landen viele Lebensmittel, die sich noch zum Essen eignen, im Müll. Marika Kaiser findet (5) das nicht gut. „Irgendjemand muss etwas gegen diese Verschwendung tun", sagt sie. Deshalb „containert" die 19-Jährige. D. h. Marika kauft keine Lebensmittel, sie holt sie aus den Mülltonnen (10) von Supermärkten, bevor die Müllabfuhr sie abholt. Sie sagt, sie rettet sie. Deutsche Supermärkte dürfen Lebensmittel nicht mehr verkaufen, wenn das Haltbarkeitsdatum abgelaufen ist, auch wenn sie noch gut sind. Manchmal geben die Supermärkte diese (15) Nahrungsmittel an Organisationen, die sie an arme Menschen verteilen. Aber sehr oft werfen die Märkte sie komplett weg, weil das leichter ist. „Es ist echt verrückt, was die Läden alles entsorgen", sagt Marika. Keiner hat einen Schaden, wenn Marika sich Lebens(20)mittel aus dem Müll nimmt. Aber trotzdem ist das Containern in Deutschland strafbar. Sie muss aufpassen, sonst bekommt sie irgendwann Ärger mit der Polizei: „Irgendein Gesetz sagt, es ist Diebstahl und man muss es bestrafen. Das ist doch verrückt, ich bin doch keine (25) Diebin und stehle etwas", findet Marika. Die Politiker sollten das ändern: „Irgendetwas muss da passieren, denn nicht Containern ist das Problem", fordert die junge Frau. Keiner sollte Lebensmittel in den Müll werfen. Mit dieser Forderung ist Marika Kaiser nicht allein. (30) Denn Containern gegen die Verschwendung von Lebensmitteln wird in der Bevölkerung immer bekannter.

2

Die meisten Lebensmittel aus dem Supermarkt sind irgendwie verpackt. Besonders Plastikverpackungen (5) sind ein ernsthaftes Problem und schaden der Umwelt. Jeder sollte etwas gegen diesen Müll tun. Auf Plastiktüten sollte man beim Einkauf besser ganz verzichten und Taschen aus Stoff anschaffen, (10) die man öfter benutzen kann. Außerdem sollte man Mehrwegverpackungen wählen, zum Beispiel Limonade oder Cola in Flaschen kaufen, die man wieder im Supermarkt abgeben kann. Aber man kann auch ganz ohne Verpackung einkaufen, wie die Familie (15) von Malte Schmeling: „Wir besorgen unsere Lebensmittel nicht einfach irgendwo. Wir gehen in einen Unverpackt-Laden und kaufen dort vor allem biologische Lebensmittel", erzählt der 15-Jährige. In den letzten Jahren sind viele Geschäfte entstanden, (20) die Produkte ohne Verpackung verkaufen. In großen Städten sind diese Läden im Trend. Es gibt immer mehr Neueröffnungen, denn die Nachfrage ist groß. Nudeln, Reis, Gemüse, Kaffee, Seife oder Waschmittel: Man kauft hier sämtliche Produkte in Flaschen, (25) Gläsern oder Dosen, die man selbst mitbringt oder im Laden leiht. Das ist eine super Methode, denn so entsteht viel weniger Müll, das ist ökologischer. Malte findet das gut. Auf Süßigkeiten oder Cola muss er deshalb nicht verzichten. Denn auch die gibt (30) es unverpackt.

d **Lest die Texte aus 6c noch einmal. Sind die Aussagen 1 bis 4 richtig oder falsch?**

1. Lebensmittel kommen meistens in den Müll, wenn sie nicht mehr haltbar sind.
2. Im Supermarkt kann man nur wenige Produkte ohne Verpackungen kaufen.
3. Wenn Supermärkte Lebensmittel nicht mehr verkaufen dürfen, kann sie jeder nehmen.
4. Es gibt immer mehr Läden, die alles ohne Verpackung verkaufen.

e **Was steht zu den Aussagen in 6d in den Texten? Sucht die Informationen und sprecht zu zweit darüber. Vergleicht dann in der Klasse.**

Wenn das Haltbarkeitsdatum abgelaufen ist, dürfen …

3

f **Was ist eure Meinung zum Thema? Gibt es Initiativen in eurem Land?**

Ich finde Containern …

g **Berichtet einem Freund / einer Freundin über eine der beiden Initiativen in eurer Muttersprache.**

h **Sucht die Indefinitpronomen in den Texten und ergänzt die Sätze.**

1. ___ muss etwas gegen Lebensmittelverschwendung tun.
2. ___ deutsches Gesetz verbietet Containern.
3. Die Politiker müssen ___ ändern.
4. Viele Produkte in Geschäften sind ___ verpackt.
5. Gibt es in unserer Stadt auch ___ einen Unverpackt-Laden?

G

Indefinita: *irgend…*
irgendjemand, irgendwer, irgendwem, irgendwen, irgendein, irgendetwas, irgendwo, irgendwie, irgendwann…

! *irgendein* steht meist mit Nomen, man muss es deklinieren.
irgendein Supermarkt, irgendein Gesetz, irgendeine Verpackung

7

a **Hört die Statements von Jugendlichen zum Thema „Anders konsumieren für die Umwelt“. Wer sagt was? Ordnet zu.**

1.13

1. Sascha
2. Rike
3. Paul
4. Sabina

A Ich sollte nicht so oft Fleisch essen.
B Die Politiker sollten Containern erlauben.
C Man sollte nur Lebensmittel kaufen, die man wirklich braucht.
D Wir sollten Früchte und Gemüse ohne Verpackung kaufen.

b **Lest die Statements aus 7a noch einmal und ergänzt die Konjunktiv-II-Formen von *sollen* im Grammatikkasten.**

G

Konjunktiv II von *sollen*
Mit dem Konjunktiv II von *sollen* drückt man eine Aufforderung, einen Rat oder eine Meinung aus.
ich ___ du soll**test** er/es/sie ___ wir ___ ihr soll**tet** sie/Sie ___
Jeder sollte Lebensmittel retten. Du solltest eine Jacke anziehen, denn es ist kalt draußen.

c **Wie ist eure Meinung? Habt ihr Ideen, was man beim Essen oder Einkauf für die Umwelt tun kann? Sprecht in Gruppen über eure Ideen.**

Wir sollten alle …

Man sollte …

Einer Meinung zustimmen/widersprechen
Genau. Gute Idee!
Das finde ich auch.
Das finde ich nicht.
Das funktioniert doch nicht.

8

Freie Wahl – A, B oder C?

A Arbeitet zu zweit. Jeder schreibt fünf Namen auf Karten. Der Partner / Die Partnerin zieht eine Karte. Fragt und antwortet wie im Beispiel.

Mona

Wer ist Mona?

Das ist eine Freundin, die ich aus dem Tennisverein kenne.

B Recherchiert das Rezept für ein typisches Gericht oder Gebäck aus Deutschland, Österreich oder der Schweiz. Erstellt eine Liste mit den Zutaten und beschreibt, wie man das Gericht zubereitet.

C In der Küche – Wählt fünf Kategorien zum Thema, z. B. „Geschirr und Besteck“ oder „Obst“. Arbeitet zu zweit und sammelt so viele Wörter wie möglich und notiert sie mit Artikel.

Welches Paar hat die meisten Wörter gefunden?

Was kann ich nach Kapitel 3?

Wortschatz / Redemittel

Schulfeste
mitbringen, organisieren, stattfinden, das Büfett, Essen probieren, unterstützen, vorbereiten, eröffnen

Eure Schule möchte ein Fest organisieren. Sammelt Ideen.

Wir machen ein großes Büfett. Jeder bringt etwas mit: …

Kochen und backen
der Backofen, die Dose, die Packung, braten, in die Pfanne geben, gießen, schneiden, würzen, zubereiten, das Gramm, das Pfund, der Liter, das Rezept, die Zutaten, das Besteck, das Dessert, die Vorspeise, die Hauptspeise, sauer, scharf, süß, salzig, bitter

Was muss man machen, wenn man etwas kochen möchte? Formuliert Sätze.

Zuerst muss man die Zutaten kaufen. Dann …

Eine Aufforderung, einen Rat oder eine Meinung ausdrücken
Jeder/Man sollte … Du solltest …

Einer Meinung zustimmen und widersprechen

Genau. Gute Idee!	Das finde ich nicht.
Das finde ich auch.	Das funktioniert doch nicht.

Person A nennt ein „Problem". Person B sagt seine Meinung. Person A reagiert.

Ich habe Hunger.
Du solltest etwas essen.
Gute Idee!

Grammatik

Relativsatz im Nominativ

Jamal ist ein Junge, **der** gerne neue Gerichte probiert.

Relativsatz im Akkusativ

Der Direktor, **den** alle Schüler sehr mögen, hat ein Lied gesungen.

Relativpronomen

Nominativ	der	das	die	die
Akkusativ	den	das	die	die

Ergänzt die Relativpronomen.
Der Lehrer, ___ wir gestern gesehen haben, heißt Herr Bauer.
Herr Bauer ist ein Lehrer, ___ sehr beliebt ist.
Er unterrichtet an einer Schule, ___ im Zentrum liegt.
Pizza ist ein Gericht, ___ alle mögen.
Das Rezept, ___ wir im Internet gefunden haben, ist einfach.
Wir müssen die Zutaten, ___ wir brauchen, nur noch im Supermarkt kaufen.

Indefinita
irgendjemand/irgendwer, irgendwo, irgendwie, irgendwann, irgendetwas
! irgendein
Ich möchte jetzt irgendeinen Kuchen essen.

Stellt abwechselnd die Fragen und antwortet mit Indefinita.
Wann rufst du mich an?
Was möchtest du essen?
Wo kaufen wir ein?
Wer hilft bei dem Schulfest?

Konjunktiv II von *sollen*

ich soll**te**	wir soll**ten**
du soll**test**	ihr soll**tet**
er/es/sie soll**te**	sie/Sie soll**ten**

Ratschläge und Meinungen. Ergänzt die Sätze.
Wenn du Durst hast, ___ du etwas trinken.
Jeder ___ beim Einkaufen an die Umwelt denken.
Wir ___ mal wieder Chili con Carne kochen.
Ich ___ nicht so viele Süßigkeiten essen.
Ihr ___ auch mal neue Gerichte probieren.

Plateau 1

1 a Lest zuerst alle Sätze (5 Minuten). Was passt zusammen?

b Übt zu zweit mit dem Karussell. Person A liest eine Frage / einen Satz (blau), Person B liest die Antwort (rot). Dann tauscht ihr.

2

Lustige Personen – Arbeitet zu zweit. Person A beschreibt eine Fantasie-Person. Person B malt diese Person. Dann tauscht ihr.

3

a Ich will aber nicht! – Was passt zusammen? Hört das Beispiel. Sprecht zu zweit mit viel Emotion. Wechselt euch ab.

1.14

Kämm dich mal!	Ich will mir aber nicht die Jacke anziehen!
Wasch dir die Hände!	Ich will mir aber nicht die Zähne putzen!
Putz dir die Zähne!	Ich will mich aber nicht kämmen!
Zieh dich um!	Ich will mich aber nicht waschen!
Schneid dir mal die Haare!	Ich will mir aber nicht die Haare schneiden!
Zieh dir die Jacke an!	Ich will mich aber nicht umziehen!
Wasch dich!	Ich will mir aber nicht die Hände waschen!

1.15

b Okay, das mache ich. – Hört das Beispiel. Sprecht abwechselnd die linken Sätze in 3a noch einmal. Antwortet jetzt positiv.

Kämm dich mal!

Okay, ich kämme mich gleich.

4

a *Deshalb, daher, darum, deswegen* – Was passt zusammen? Ordnet zu.

A Es ist erst 8 Uhr.

B Am Montag schreiben wir einen Mathe-Test.

C Der Englischlehrer ist krank.

D Wir kochen heute zusammen.

E Morgen ist das Wetter schlecht.

F Kira hat am Freitag Geburtstag.

G Mein Handy ist kaputt.

H Heute scheint die Sonne.

I Nächste Woche haben wir Ferien.

J Jakobs Vater kommt aus Russland.

K Die Mensa ist heute geschlossen.

L Jana hat den Bus verpasst.

1. keine Nachrichten schicken
2. noch müde sein
3. lernen müssen
4. in den Park gehen
5. ein Sandwich am Kiosk kaufen
6. ein Geschenk kaufen müssen
7. in den Urlaub fahren
8. keinen Englischunterricht haben
9. zu Hause bleiben
10. Russisch sprechen
11. zusammen in den Supermarkt gehen
12. später kommen

b Sprecht zu zweit wie im Beispiel und formt die Ausdrücke 1 bis 12 aus 4a um. Wechselt euch ab.

Die Mensa ist heute geschlossen.

Darum kaufen wir ein Sandwich am Kiosk.

5 Wer bildet den längsten Satz? Spielt zu viert.

✦ Ich hätte gern einen … Computer / ein … Fahrrad / eine … Jacke / … ✦ Ich mag/liebe/ … Musik/Filme/Comics/Apps/Lieder/Serien/ Aufgaben/ … ✦

Ich hätte gern ein Handy.

Ich hätte gern ein cooles Handy.

Ich hätte gern ein cooles, neues Handy.

Ich hätte gern ein cooles, neues, modernes Handy.

Ich hätte gern ein cooles, neues, modernes, schwarzes Handy.

Ich hätte gern ein cooles, neues, modernes, schwarzes, schönes Handy.

6 Das ist das Beste! – Ergänzt die Sätze. Arbeitet dann zu zweit. A sagt einen Satz. B stimmt zu oder widerspricht. Reagiert so schnell wie möglich. Dann sagt B einen Satz und A reagiert.

1. … ist das leckerste Essen!
2. … ist die spannendste Serie!
3. … ist das interessanteste Fach!
4. … ist die schönste Stadt!
5. … ist der coolste Sänger!
6. … ist die beste Schauspielerin!
7. … ist der lustigste Film!
8. … ist das beste Getränk!

So ein Quatsch!

Stimmt, das finde ich auch.

Das stimmt überhaupt nicht!

Ja, genau!

Echt nicht!

Da hast du recht.

Nee, das finde ich gar nicht.

Gemüsesuppe ist das leckerste Essen!

Echt nicht! Pizza ist das leckerste Essen!

7 Komische Ratschläge – Geht durch die Klasse. Gebt verschiedene Ratschläge und antwortet.

Du solltest wirklich mehr chillen.

Mehr chillen? Gute Idee!

Du solltest unbedingt mehr Cola trinken.

Mehr Cola trinken? Nee!

8 Was macht ihr morgen? Spielt in Gruppen. Person A sagt einen Satz. Person B wiederholt diesen Satz und ergänzt einen eigenen Satz. Person C wiederholt die Sätze von A und B und ergänzt einen eigenen Satz usw. Wer kann sich alle Informationen merken?

Ich gehe ins Fitnessstudio.

Naila geht ins Fitnessstudio und ich gehe shoppen.

Naila geht ins Fitnessstudio, Cem geht shoppen und ich gehe zum Friseur.

Naila geht …

9 **a** **Ein Gedicht mit elf Wörtern – Schreibt ein „Elfchen" wie in den Beispielen.**

kalt
der Herbst
die Blätter fallen
ich bin zu Hause
schön

Elfchen

Zeile 1: ein Adjektiv (oder ein Nomen)
Zeile 2: ein Nomen mit Artikel (oder ein Adjektiv mit Verstärkung)
Zeile 3: Was passiert? (3 Wörter)
Zeile 4: Was macht oder fühlt ihr? (4 Wörter)
Zeile 5: ein Nomen, Adjektiv oder Verb als Ende

Wochenende
endlich frei
die Sonne scheint
ich treffe meine Freunde
wunderbar

b **Gestaltet eure Elfchen und hängt alle Gedichte im Klassenzimmer auf.**

10 **Sprachmittlung – Wählt ein Lied oder einen Hit in eurer Muttersprache. Worum geht es? Warum gefällt euch das Lied? Spielt das Lied vor und erzählt auf Deutsch.**

11 **Kapitelmeister Kapitel 1 bis 3 – Etwas fehlt. Arbeitet zu zweit, ergänzt a bis i und lest vor. Wer hat alles richtig?**

a (S. 11)

Die Reflexivpronomen *sich/uns/euch* sind im Akkusativ und Dativ ___.

b (S. 15)

Meinung äußern

Ich denke / ___ / ___, …
Ich bin der ___, dass …

c (S. 13)

G

darum, daher, deswegen funktionieren wie ___.

d (S. 19)

Wie spielst du Spiele?

Ich spiele am liebsten ___.

e (S. 22)

Verkaufe ___ Handy, nur zwei Jahre alt, modernes Design, mit guter Kamera und 32GB Speicher.

f (S. 23)

wo bist du? ___ schon 20 min 😡

sry!!! 😲 vergessen bin zH gehst du jz oder wartest du noch? bin in 10 min da. kaufe dir ein ___ ok?

g (S. 27)

D Auf dem Fest hat auch ein ___ gesungen, den alle super finden.

h (S. 30)

In Deutschland landen viele ___, die sich noch zum Essen eignen, im Müll.

i (S. 29)

Man muss zuerst Zwiebeln klein ___.

12 a **Arbeitet zu dritt. Seht die Bilder an und beschreibt sie.**

A

B

C

D

E

F

b **Gerichte mit lustigen Namen – Jede/r liest zwei Texte. Sucht das passende Bild in 12a. Erklärt in der Gruppe, wie das Gericht heißt und welche Zutaten man dazu braucht.**

1 „Arme Ritter“ macht man aus altem Weißbrot oder Toastbrot. Man legt das Brot in eine Mischung aus Milch und Eiern und brät es dann in der Pfanne. Dazu schmecken Zucker und Zimt. Dieses Gericht gibt es auch in vielen anderen Ländern.

2 Eine einfache, aber gute Nachspeise: „Heiße Liebe“. Dafür muss man nur Vanilleeis und Himbeeren kaufen. Die Himbeeren macht man auf dem Herd heiß und gibt sie über das Eis – fertig!

3 Das ist ein Kuchen, der bei Kindern sehr beliebt ist: „Kalter Hund“. Man braucht Schokolade und Kekse. Das Besondere ist, dass man ihn nicht backen muss. Man stellt ihn einfach über Nacht in den Kühlschrank.

4 „Falscher Hase“ schmeckt so gut! Der Braten ist aus Hackfleisch und in der Mitte sind gekochte Eier. Dazu gibt es eine leckere Soße und Kartoffeln.

5 „Bienenstich“ ist ein leckerer Kuchen und ein Klassiker in den Bäckereien. Für den Teig braucht man Milch, Butter, Mehl und Zucker. In der Mitte ist eine süße Pudding-Creme.

6 Das Gericht ist seit 300 Jahren bekannt: „Himmel und Erde“. Himmel steht für Äpfel am Baum, Erde für Kartoffeln. Man kocht Äpfel und Kartoffeln zusammen. Dazu isst man gebratene Wurst und Zwiebeln.

c **Welches Gericht habt ihr schon probiert oder möchtet ihr gern probieren? Kennt ihr andere Gerichte mit lustigen Namen in eurer Sprache oder in einer anderen Sprache? Sprecht in Gruppen.**

Film 

13

a Wir machen Pizza – Lest die Nachrichten und bringt sie in die richtige Reihenfolge. Seht dann Teil 1 von Filmclip 1 an und kontrolliert.

1.2

b Seht Teil 2 an. Welche elf Zutaten verwenden die Jugendlichen für die Pizza? Notiert und vergleicht.

c Wer sagt was? Ordnet zu.

A Lena

B Emil

C Ricki

D Luzie

1. Und ich mag am liebsten …
2. Leute, stopp! Wir machen doch sowieso zwei Pizzen.
3. Ich esse keine Salami. Ich bin Vegetarierin.
4. Ich esse gerne Pizza mit Paprika und Zwiebeln.

d Wer macht was? Ergänzt.

1. Ricki und Luzie …
2. Lena …
3. Jonas …
4. Emil …

e Der Handyturm – Seht Teil 3 an. Warum schlägt Luzie einen Handyturm vor? Wie funktioniert das? Sprecht in der Klasse.

f Warum muss Emil am Ende die Küche aufräumen und abspülen?

g Seid ihr und eure Freunde auch viel am Handy, wenn ihr euch trefft? Habt ihr auch schon mal einen Handyturm gemacht? Wie findet ihr diese Idee? Erzählt.

(Nicht) gut drauf?

1 a Starke Gefühle – Seht die Bilder an und beschreibt die Situationen. Wie geht es Kim und ihren Freunden? Wie fühlen sie sich? Sprecht in Gruppen über eure Eindrücke.

✦ wütend ✦ glücklich ✦ traurig ✦ erleichtert ✦ genervt ✦ stolz ✦ ängstlich ✦ überrascht ✦

✦ sich (nicht) trauen ✦ eine Zwei bekommen ✦ die Überraschungsparty ✦ den Mofa-Führerschein schaffen ✦ das Spiel verlieren ✦ Chaos im Zimmer machen ✦ im Kletterpark sein ✦ kein Tor schießen ✦ Geburtstag haben ✦ Konzerttickets bekommen ✦ den Computer ausmachen sollen ✦

Lukas ist stolz, weil er den Mofa-Führerschein geschafft hat.

Ja, genau. Ich glaube, er ist auch …

b Was sagen die Freunde auf den Bildern vielleicht? Arbeitet zu zweit. Wählt zwei Bilder und schreibt kurze Dialoge.

● Das war super, Lukas! Herzlichen Glückwunsch!
○ Vielen Dank! Ich war sehr nervös, aber jetzt …

c Lest eure Dialoge aus 1b in der Klasse vor. Die anderen raten: Zu welchem Bild passen die Dialoge?

d Wie fühlt ihr euch? Formuliert Fantasie-Sätze. Sprecht zu zweit über eure Gefühle.

Ich habe eine Drei in Mathe.

Und? Bist du erleichtert?

Nein. Ich bin enttäuscht.

Das lernen wir: über Gefühle und Emotionen sprechen | einen Blog verstehen | Aufforderungen formulieren | ein Streitgespräch verstehen und führen | einen Ratgebertext verstehen | einen Brief schreiben und beantworten | Tipps für eine gute Freundschaft geben | **Grammatik:** Verben im Plural mit Präposition + *einander* | *derselbe, dasselbe, dieselbe* | Infinitiv als Aufforderung | Nebensatz mit *als* und *(immer) wenn* | **Aussprache:** freundlich – unfreundlich sprechen

Glücksgefühle

2 a Mit viel Gefühl – Wann seid ihr glücklich? Was macht euch froh? Sammelt zu zweit und vergleicht dann in Gruppen.

Ich bin gut drauf, wenn ich ein paar Freunde treffe.

Meine Mannschaft hat am Samstag 3:0 gewonnen. Da war ich total glücklich!

b Lest den Blog. Wann sind die Jugendlichen glücklich? Warum? Macht Notizen.

Heute ist der 20. März, der Weltglückstag. Was macht euch glücklich? Geld, Erfolg oder …?
Schreibt uns, was euch gute Laune macht!

Steve, 16

Gute Frage … Im Moment habe ich nur selten gute Laune. Zu Hause gehen mir meine Geschwister auf die Nerven und die Beziehung zu meinen Eltern ist auch schwierig. Ständig soll ich im Haushalt helfen oder so. Es ist immer derselbe Ärger. Trotzdem! Gestern war ich richtig glücklich. Ich bin ziemlich musikalisch und gestern habe ich einen Musik-Wettbewerb gewonnen. Ich spiele Klavier und habe vor dem Wettbewerb jeden Tag immer wieder dasselbe Stück geübt. Ich war extrem nervös, aber es hat prima geklappt. 1. Platz und eine Urkunde! Unglaublich. Meine Familie war auch total happy.

Kalle, 16

Ich habe einen besten Freund, Linus. Wir kennen uns seit der Kindheit und er ist immer für mich da. Umgekehrt ist es natürlich genauso. Wir haben uns noch nie missverstanden oder richtig gestritten, weil wir über alles miteinander sprechen können. Wir haben denselben Humor und finden auch dieselben Sachen gut: neue Sneaker oder coole Musik. Geheimnisse gibt es bei uns nicht. Und wir können uns immer aufeinander verlassen. Das ist für mich Glück. Jetzt fängt eine neue Zeit an. Früher sind wir in dieselbe Schule gegangen und haben uns jeden Tag gesehen. Jetzt beginnt Linus aber eine Ausbildung. Hoffentlich sehen wir uns trotzdem oft. Das ist meine einzige Sorge. Mal sehen.

Anne, 17

Ich bin im Moment gerade total happy. Ich wünsche mir schon so lange einen Motorroller. Ich habe ewig gespart und kürzlich haben meine Eltern ihn endlich gekauft. Meine Freundin fährt schon seit einem Jahr mit ihrem Roller zur Schule. Und ich wollte unbedingt dasselbe Modell in derselben Farbe haben: violett! Jetzt fahren wir mit unseren Rollern zusammen quer durch die Stadt. Das sieht so cool aus. Ich freue mich total.

Carina, 15

Jetzt bin ich glücklich, weil ich nicht mehr unglücklich bin. Ich hatte richtig Ärger mit meiner Freundin Jana. Leider haben wir uns in denselben Jungen verliebt. Deshalb gab es immer wieder Streit. Jana und ich haben länger nichts voneinander gehört. Ich habe mich richtig einsam gefühlt ohne sie. Keine Nachricht, kein Anruf, keine Unterhaltung … Das war schlimm. Aber wir haben oft aneinander gedacht. Nach ein paar Wochen haben wir aber festgestellt, dass wir uns beide geirrt haben. Der Junge ist ein Idiot. Und gestern habe ich Jana wiedergetroffen und wir haben lange geredet. Was für ein Glück!

c Arbeitet zu zweit. Jeder wählt zwei Personen aus 2b und berichtet: Wann ist die Person glücklich und warum? Korrigiert und ergänzt euch gegenseitig.

Verben mit Präpositionen im Plural + *einander*:
sprechen + mit → Wir sprechen miteinander.

Tipp!

d Das Glücksranking – Was macht euch glücklich? Macht in der Schule eine Umfrage in eurer Muttersprache und präsentiert die Ergebnisse auf Deutsch.

✦ Freundschaft ✦ Erfolg ✦ Gesundheit ✦ Familie ✦ Musik ✦ … ✦

3 **a** **Seht die Bilder an. Was bedeuten *dasselbe, dieselbe, …*? Sprecht in der Klasse.**

b **Lest den Kasten und ergänzt die Lücken. Die Texte in 2b und 3a helfen.**

G

derselbe, dasselbe, dieselbe, …

	Nominativ	Akkusativ	Dativ	
der	___	den**selben**	de**m**selbe**n**	Freund
das	dasselbe	___	de**m**selbe**n**	Handy
die	dieselbe	___	de**r**selbe**n**	Geschichte
die (Pl.)	dieselbe**n**	___	de**n**selbe**n**	Leute(n)

der, das, die im Nominativ, Akkusativ oder Dativ + *selbe(n)*
Die Endungen von *selbe(n)* sind wie bei Adjektiven mit bestimmtem Artikel.

c **Was passt? Ergänzt die Sätze in den Dialogen 1 bis 4 zu zweit. Es gibt mehrere Möglichkeiten.**

✦ das Sportcamp ✦ die Kette ✦ die Probleme ✦ die Zeit ✦ der Trainer ✦ die Jacke ✦ die Woche ✦ die Schwierigkeiten ✦ das Ferienlager ✦

1
● Hey! Was ist los?
○ Ich habe immer dieselben ___ mit Mathe. Das nervt.

2
● Habt ihr immer noch denselben ___ ?
○ Ja, der ist wirklich super.

3
● In den Ferien möchte ich in dasselbe ___ fahren wie Richard. Das ist vom 01. bis zum 06. August.
○ Das geht nicht. Wir fahren in derselben ___ zu Tante Inga nach Schweden.
● Oh Mann, wie doof!

4
● Wollen wir dieselbe ___ kaufen?
○ Oh ja, cool. Dann sehen alle, dass wir Freundinnen sind.

Derselbe, dasselbe … kann auch ohne Nomen stehen.
● Das ist meine neue Uhr.
○ Cool. Ich habe dieselbe.
In der gesprochenen Sprache verwendet man *derselbe* wie *der gleiche*.

d **Glücklich oder unglücklich? Sprecht die Dialoge in 3c zu zweit. Achtet auf die Intonation.**

e **Meine Freunde und ich – Ergänzt die Sätze und sprecht zu zweit.**

1. Nach der Schule treffen wir immer ___ Leute.
2. Wir gehen alle in ___ Klasse.
3. Wir mögen alle ___ Sport. Hockey.
4. Und wir spielen alle in ___ Team.

4 **a** **Bitte beachten! – Seht die Bilder an und lest die Aufforderungen. Was passt? Ordnet zu.**

✦ Bitte nicht stören! ✦ Bitte nicht schimpfen! ✦ Cool bleiben! ✦ Bitte lächeln! ✦ Nicht traurig sein! ✦

G

Infinitiv als Aufforderung
Nicht streiten, bitte!
Bitte nett sein!

b **Sammelt jetzt selbst Aufforderungen auf Deutsch. Was sollt ihr in der Klasse beachten? Erstellt eine Liste.**

Spinnst du?

5 a Der Streit – Seht das Foto an. Was ist passiert? Sprecht in der Klasse über das Bild.

Ich glaube, das Handy gehört …

Vielleicht …

Das glaube ich nicht. Ich denke, …

b Lest den Dialog und ergänzt. Hört dann zur Kontrolle.

- ● Sag mal, ___ ? Mein Handy!
- ○ Schrei mich nicht so an, du Idiot! Was soll das?
- ● Du hast ___ und jetzt ist es kaputt.
- ○ So ein Quatsch. Das war ich nicht.
- ● Doch, ___ ! Schau doch mal!
- ○ Ja, sorry! Das war nicht ___ .
- ● Das kann sein, aber das Handy ist ganz neu.
- ○ Ach so, ___ . Ich bezahle die Reparatur.
- ● ___ . Tut mir auch leid, dass ich so gemotzt habe.

✦ A mit Absicht ✦ B Danke ✦ C spinnst du ✦ D tut mir echt leid ✦ E mein Handy runtergeworfen ✦ F du warst das ✦

Sprecht Dialoge mit viel Emotion. So prägt ihr euch wichtige Formulierungen besser ein.

c Hört den Dialog noch einmal. Lest dann den Dialog zu zweit mit viel Emotion.

d Wählt zu zweit eine Situation und verteilt die Rollen. Variiert den Dialog in 5b.

Situation 1
Person A hat T-Shirt von Person B zerrissen → T-Shirt kaputt
Person A kauft neues T-Shirt

Situation 2
Person A hat Brötchen von Person B runtergeworfen → kann man nicht mehr essen
Person A gibt B sein Brötchen

Sag mal, spinnst du? Mein T-Shirt!

Ein Streitgespräch führen

schimpfen / Vorwürfe machen	reagieren/einlenken
Sag mal, spinnst du?	Schrei nicht so! / Schrei mich nicht so an. Was soll das?
Kannst du nicht aufpassen?	Beruhige dich mal. / Chill mal. Ich habe gar nichts gemacht!
Du warst das!	Das ist mir doch egal.
Du bist schuld!	Na und? Ist doch nicht so schlimm.
Das ist deine Schuld!	Ich finde, du übertreibst.
Schau doch mal!	Ja, sorry. Das war nicht mit Absicht.
Du hast … kaputt gemacht!	Das habe ich nicht so gemeint.
Das kann sein, aber …	Verzeihung. / Entschuldigung. Tut mir echt leid. Ich …

6 a Rat von Dr. Ratke – Lest Kayas E-Mail an Dr. Rita Ratke und die Sätze 1 bis 8. Welcher Satz passt zu Kaya, zu Kayas Freundin, zu Helena? Sprecht in Gruppen.

Liebe Frau Dr. Ratke,
seit drei Wochen wohnt eine Austauschschülerin aus Norwegen bei uns. Sie heißt Helena und ist sehr nett. Sie bleibt ein halbes Jahr und geht auch in meine Klasse. Aber meine beste Freundin mag Helena leider überhaupt nicht. Das hat sie mir gesagt. Trotzdem ist sie nett zu Helena. Aber mich behandelt sie total blöd, sie ist richtig gemein. Wenn wir uns treffen wollen, dann kommt sie zu spät. Immer hat sie eine blöde Ausrede. In der Schule geht sie öfter mit anderen Mädchen in die Mensa. Sie fragt mich nicht, ob ich mitgehen möchte. Das verletzt mich wirklich. Neulich hat sie sogar heimlich ein blödes Foto von mir an Helena geschickt. Sie hat mich vorher nicht gefragt! Das darf sie eigentlich gar nicht. Ich hasse ihre gemeine Art! Wir haben uns wahnsinnig gestritten und sie hat mich beleidigt. Am Ende hat sich meine Freundin entschuldigt. Aber ich weiß nicht, ob ich ihr das verzeihen kann, denn ich glaube, es war ihr egal und sie hatte kein schlechtes Gewissen. Ich kann ihr gar nicht mehr vertrauen und bin so enttäuscht. Was kann ich nur machen? Haben Sie einen guten Rat?
Kaya

1. Sie ist neu in Kayas Klasse.
2. Sie ist nicht nett zu Kaya.
3. Sie hat ein Problem und braucht Rat.
4. Sie findet Helena blöd.
5. Sie geht lieber ohne Kaya essen.
6. Sie hat ein blödes Foto bekommen.
7. Sie hat etwas getan, was nicht erlaubt ist.
8. Sie hatten Streit.

b Lest die Antwort von Frau Dr. Ratke. Was ist richtig? A oder B?

Liebe Kaya,
deine Freundin ist möglicherweise eifersüchtig, weil du so viel Zeit mit Helena verbringst. Deshalb ist sie so merkwürdig. Vielleicht solltest du am Wochenende einen Tag ohne Helena mit deiner Freundin verbringen. Dann kannst du mit ihr über das Problem reden und ihr sagen, wie du dich fühlst. Außerdem ...

1. Kayas Freundin mag es nicht,
   A dass Kaya weniger Zeit für sie hat.
   B dass Helena keine Zeit für sie hat.
2. Kaya soll ...
   A Helena von ihrem Problem erzählen und mit ihr eine Lösung finden.
   B sich mit ihrer Freundin allein treffen und über die Situation sprechen.

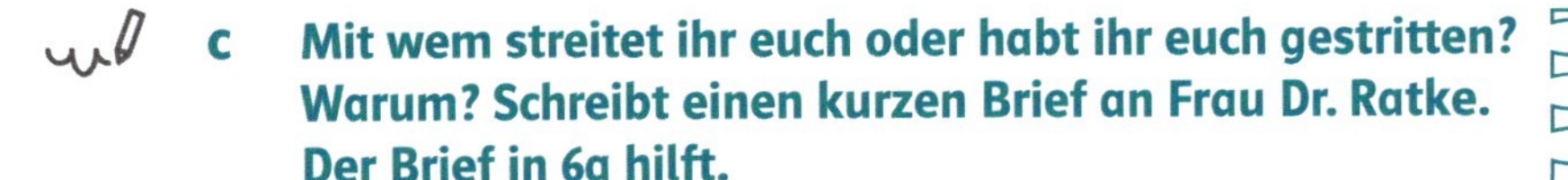

c Mit wem streitet ihr euch oder habt ihr euch gestritten? Warum? Schreibt einen kurzen Brief an Frau Dr. Ratke. Der Brief in 6a hilft.

Liebe Frau Dr. Ratke,
ich habe oft Streit mit meinen Eltern, weil ...

d Hängt eure Texte aus 6c in der Klasse auf. Wählt einen Text und schreibt eine Antwort. Habt ihr eine Lösung? Was kann die Person machen?

Liebe(r) ...
das Problem haben viele Jugendliche. Deine Eltern wollen, dass ...
Du könntest deine Eltern fragen, ob du ... Dann solltest du aber auch ...

7 a Sag mal ... Freundlich oder unfreundlich? – Lest die Sätze. Welche sind freundlich, welche unfreundlich? Überlegt zu zweit. Hört dann die Sätze und vergleicht.

1.17

1. Das ist doch nicht so schlimm.
2. Schrei mich nicht so an!
3. Kannst du nicht besser aufpassen?
4. Das habe ich nicht so gemeint.
5. Das war nicht mit Absicht.
6. Geht's noch? Was soll das?

b Hört die Sätze aus 7a noch einmal und sprecht sie nach. Achtet auf die Intonation.

Toller Freund ...

8 **a** **Seht die Fotos an. Warum hilft Ole Florian am Ende nicht? Erklärt das Problem.**

b **Was ist wichtig für eine Freundschaft? Sammelt in der Klasse.**

Ich finde wichtig, dass Freunde ...

Freunde können nicht immer ...

1.18

c **Ole und Florian telefonieren – Lest erst die Zusammenfassungen. Hört dann das Gespräch. Was passt: A oder B?**

A Florian ruft Ole an. Er will wissen, warum Ole so komisch ist. Ole erklärt Florian, dass er es nicht gut findet, wenn Florian immer etwas von ihm will. Florian entschuldigt sich und möchte sich mit Ole treffen. Der hat aber keine Zeit, weil er mit Camilla verabredet ist.

B Florian ruft Ole an und fragt, warum Ole enttäuscht ist. Ole erklärt Florian, dass er sauer ist, weil Florian sich nicht für ihn interessiert. Florian sagt, dass es ihm leid tut, und er schlägt Ole vor, dass sie sich treffen. Zuerst ist Ole nicht bereit, sich zu treffen. Aber dann sagt er doch zu.

d **Wie können Ole und Florian Freunde bleiben? Gebt Tipps.**

Florian sollte für Ole ...

Er könnte auch ...

4

9

a ***Als ich …* – Was ist mit Ole und Florian los? Lest den Grammatikkasten. Sprecht zu zweit und verbindet die Sätze in 2 bis 4 mit *als*. Schreibt die Sätze dann ins Heft.**

1. Florian kam nach Hause. Er hat gleich Ole angerufen.
2. Ole hat am Montag seine Hilfe gebraucht. Florian hatte keine Zeit.
3. Florian war gleich eifersüchtig. Ole hat ihn heute nach Camilla gefragt.
4. Florian hat Ole verstanden. Er hat sich sofort bei ihm entschuldigt.

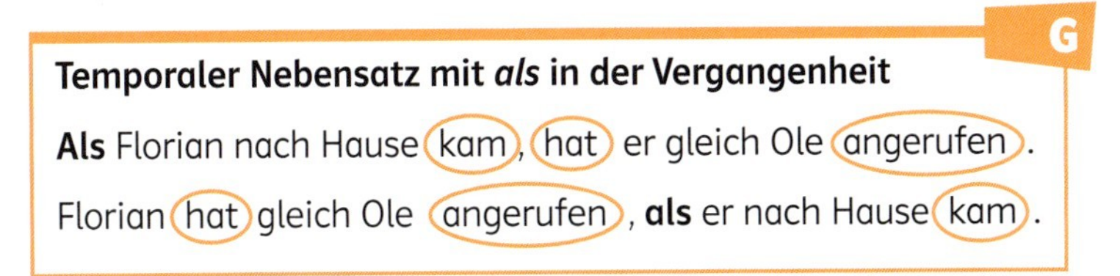
G

Temporaler Nebensatz mit *als* in der Vergangenheit

Als Florian nach Hause (kam), (hat) er gleich Ole (angerufen).

Florian (hat) gleich Ole (angerufen), **als** er nach Hause (kam).

b **Lest die Sätze noch einmal. Was bedeutet *als*? Wählt die beiden passenden Begriffe aus.**

in dem Moment — immer — später — zu der Zeit — jedes Mal

c ***Wenn ich …* – Lest die Sätze A und B. Erklärt zu zweit den Unterschied und kontrolliert in der Klasse.**

A
Immer wenn er nach Hause kam, hat er seinen Freund angerufen.

B
Als er **gestern** nach Hause kam, hat er gleich seinen Freund angerufen.

G

Temporaler Nebensatz mit (*immer*) *wenn* in der Vergangenheit

(Immer) **Wenn** er nach Hause (kam), (hat) er (immer) seinen Freund (angerufen).

Er (hat) immer seinen Freund (angerufen), **wenn** er nach Hause (kam).

d **Was habt ihr in der Situation gemacht? Sprecht zu zweit und ergänzt die Sätze.**

1. Als ich eine gute Note geschrieben habe, …
2. Wenn ich Ärger mit … hatte, …
3. Wenn ich Hilfe brauchte, …
4. Als ich mich über … gefreut habe, …

Sätze mit *als*: Etwas ist einmal passiert.
Sätze mit *wenn*: Etwas ist immer wieder oder oft passiert.

e **Nebensätze mit *als* und *(immer) wenn* in der Vergangenheit. Wie sagt man das in eurer Sprache? Übersetzt die Sätze A und B aus 9c in eure Sprache und vergleicht.**

10

Freie Wahl – A, B oder C?

A Spielt in Gruppen. Jeder schreibt zwei Satzanfänge mit *als* auf Zettel. Tauscht dann die Zettel und ergänzt die Sätze.

Als ich im Urlaub war,

habe ich Tauchen gelernt.

B Tipps für gute Freunde – Wie muss ich mich verhalten? Sammelt Ideen und schreibt einen kleinen Ratgeber.

Du solltest deinem Freund zuhören.

C Sammelt Bilder zu Emotionen und macht eine Collage. Wählt dann eine Person aus der Collage und schreibt eine kurze Geschichte: Wer ist das? Was ist los? Warum ist er/sie traurig, wütend, …? Was passiert danach?

Was kann ich nach Kapitel 4?

Wortschatz / Redemittel

Gefühle und Emotionen
ängstlich, traurig, erleichtert, glücklich, froh, stolz, wütend, sauer, genervt, überrascht, enttäuscht, eifersüchtig, verliebt

Spielt abwechselnd eine Emotion mit Mimik und Gestik. Der/Die andere rät.

Bist du traurig?

Ja, stimmt.

Ein Streitgespräch führen: Schimpfen / Vorwürfe machen
Sag mal, spinnst du?
Kannst du nicht aufpassen?
Du warst das! / Du bist schuld!
Das kann sein, aber …

Ergänzt die Sätze.
1. S_ _ m _ _, sp_ _ n_ _ d_?
2. D_ wa _ _ _ d_ _!
3. K_ _ _st d _ ni _ _ t au _ p _ _ s _ _?

Reagieren/Einlenken
Schrei nicht so! / Schrei mich nicht so an. Was soll das?
Chill mal. Ich habe gar nichts gemacht!
Das ist mir doch egal.
Ja, sorry. Das war nicht mit Absicht.
Tut mir echt leid. Ich …

Euer Partner / Eure Partnerin schimpft, ihr reagiert. Wechselt euch ab.

Sag mal, spinnst du?

Chill mal. Ich …

Grammatik

Verben im Plural mit Präposition + *einander*
sprechen + mit = Wir sprechen miteinander.

Ergänzt die Sätze.
1. Sina und Marlene können sich immer ___ verlassen.
2. Sie sprechen jeden Tag ___.
3. Jetzt haben sie drei Tage nichts ___ gehört. Was ist los?

derselbe, dasselbe, dieselbe

	Nominativ	Akkusativ	Dativ	
der	derselbe	denselben	demselben	Freund
das	dasselbe	dasselbe	demselben	Handy
die	dieselbe	dieselbe	derselben	Uhr
die	dieselben	dieselben	denselben	Freunde

Zeigt vier Dinge und sprecht wie im Beispiel.

Das ist mein Wörterbuch.

Oh, ich habe dasselbe.

Infinitiv als Aufforderung
Bitte nett sein!
Bitte nicht schimpfen!
Streiten verboten!
Bitte lächeln.

Fordert euch gegenseitig auf: Zuerst fordert A auf und B reagiert, dann wechselt ihr zweimal.

Bitte freundlich gucken!

Bitte auf den Tisch setzen!

Temporaler Nebensatz mit *als* und *(immer) wenn* in der Vergangenheit

Als Florian nach Hause kam, hat er Ole angerufen.
Florian hat Ole angerufen, **als** er nach Hause kam.
(Immer) **Wenn** er nach Hause kam, hat er seinen Freund angerufen.
Er hat immer seinen Freund angerufen, **wenn** er nach Hause kam.

Formuliert Sätze mit *als*.
1. Ich war total wütend, als …
2. Ich habe mich so gefreut, als …
3. Wir waren echt erleichtert, als …
4. Du hattest wirklich Glück, als …

Verbindet die Sätze mit *(immer) wenn*.
1. Wir haben uns gestritten. Wir haben uns danach entschuldigt.
2. Ich hatte Probleme. Ich bin zu meiner Oma gegangen.
3. Jari wollte mich besuchen. Ich war nicht da.

Auf Reisen 5

A

1 +++ camping.info: Urlaub im Zelt immer beliebter. Entdeckt mit uns die 100 besten Campingplätze in Europa. Tolle Umgebung, super Service! +++

2 +++ Entdeckt jetzt Möglichkeiten und Angebote für Klassenfahrten, Familienurlaub und mehr in rund 500 Jugendherbergen in Deutschland! Tolle Landschaften inklusive! +++

3 +++ Rekord am größten deutschen Flughafen in Frankfurt: 69,5 Millionen Passagiere und mehr als 500.000 Flüge im letzten Jahr. Zu Ferienbeginn lange Warteschlangen in den Terminals und an den Schaltern. +++

5 +++ Der Weser-Radweg ist der beliebteste Fluss-Radweg in Deutschland. Auf einer Strecke von 515 Kilometern führt er die Weser entlang vom Weserbergland bis zur Nordsee. +++

4 +++ Ferienstart in mehreren Bundesländern: kilometerlange Staus auf den Autobahnen A6, A8 und A9 +++

6 +++ Achtung! ICE Richtung Dortmund, Abfahrt 12:34 Uhr, fährt heute geändert von Gleis 12 ab, ca. 10 Minuten Verspätung! Grund dafür ist eine technische Störung. +++

1 **a** **Seht euch die Fotos an und lest die Informationen. Welcher Text passt zu welchem Bild? Ordnet zu.**

b **Seht euch die Texte genauer an. Wo liest man solche Nachrichten?**

Text 1 liest man vielleicht im Internet auf einer Seite mit Informationen zu tollen Campingplätzen.

c **Eure Eltern verstehen die Texte nicht. Wählt zwei Informationen und erklärt sie in eurer Muttersprache.**

d **Urlaub – Arbeitet in Gruppen. Sammelt möglichst viele Wörter zu den drei Themen. Die Texte und Bilder in 1a können helfen. Vergleicht dann in der Klasse. Welche Gruppe hat die meisten Wörter gefunden?**

Verkehr: der Bahnsteig

Übernachtung: das Apartment

Aktivitäten: Rad fahren

e **Wie macht ihr Urlaub? Welche Situationen auf den Bildern kennt ihr? Sprecht in Gruppen.**

Wir fahren jedes Jahr mit dem Zug zu meinen Verwandten und …

Ich habe schon einmal …

Das lernen wir: über Reisen und Verkehr sprechen | Durchsagen verstehen | eine Geschichte erzählen | nach dem Weg fragen und einen Weg beschreiben | einen Zeitungsbericht verstehen | Wünsche äußern | irreale Bedingungen nennen | **Grammatik:** *gegenüber, um … herum, entlang* | Infinitivsätze | *würde* + Infinitiv | Konjunktiv II von *sein* | *wenn* + Konjunktiv II | **Aussprache:** *n, nn, ng, nk*

Unterwegs

2 a Unterwegs – Hört die Durchsagen. Zu welchen Orten passen sie? Sprecht zu zweit.

✦ im Kaufhaus ✦ am Bahnhof ✦ im Radio ✦
im Bus ✦ im Flugzeug ✦

Durchsage 1 hört man …

b Lest die Aussagen und hört dann noch einmal die Durchsagen. Richtig oder falsch? Notiert und korrigiert dann die falschen Aussagen zu zweit.

1. Der Intercity-Express nach Hamburg fährt heute etwa 15 Minuten später, Grund ist eine technische Störung.
2. Die Reisenden in Richtung Hannover sollen den Zug um 15:50 Uhr nehmen, weil ihr Zug ausfällt.
3. Das Flugzeug landet heute etwas später, weil es sehr neblig ist.
4. Die Fluggäste sollen bei der Landung den Flugmodus einschalten und sich anschnallen.
5. Die Lifte am Ausgang zum Marktplatz funktionieren gerade nicht.
6. Im zweiten Obergeschoss gibt es Wintersportartikel im Sonderangebot.
7. Autofahrer sollen auf der A9 ab Leipzig West einen anderen Weg nehmen und den Stau umfahren.

8. Auf der A4 gibt es eine 4 km lange Baustelle. Die Autofahrer sollen in diesem Bereich die Geschwindigkeitsbeschränkung beachten und nicht überholen.
9. Der nächste Halt des Busses ist Kaiserstraße.
10. An der Haltestelle Heinemannplatz kann man im Moment nicht aussteigen.

3 a Treffpunkt Stadttheater in der Kaiserstraße – Seht die Bilder an. Was wollen die Jugendlichen machen? Was passiert? Vermutet.

b Hört, was den Freunden im Feriencamp passiert. Lest dann die Stichwörter. Was passt zu Mia und Florian, was zu Paula? Notiert zu zweit die Stichwörter und bringt sie dann in die richtige Reihenfolge.

Mia und Florian
1. sich am Stadttheater mit Paula treffen wollen

Paula
1. mit den Freunden …

✦ sich am Stadttheater mit Paula treffen wollen ✦ mit den Freunden shoppen wollen ✦ an einer anderen Haltestelle aussteigen ✦ den Weg nicht kennen ✦ Akku leer ✦ Handy vergessen ✦ das Handy in einem Café aufladen ✦ eine Nachricht bekommen ✦ eine Panne haben ✦ laufen müssen ✦ der Weg zu weit ✦ ins Feriencamp zurückgehen ✦ die nächste Haltestelle suchen ✦ Cola bestellen ✦ nach dem Weg fragen ✦ falsch gehen ✦ eine Baustelle an der Haltestelle ✦ keine Lust auf Shoppen haben, lieber ins Camp zurückgehen ✦ die Freunde anrufen ✦ ein Foto schicken und eine Nachricht schreiben ✦ auf dem Gehsteig durch Glas fahren ✦ mit dem Rad zum Treffpunkt kommen ✦

c Sprecht zu zweit. A erzählt Florians und Mias Geschichte. B erzählt, was Paula passiert ist. Nutzt die Notizen aus 3b.

Mia und Florian wollten sich mit Paula am Stadttheater treffen. Der Bus …

4

a Florian und Mia fragen nach dem Weg zum Theater – Lest zuerst die Beschreibungen. Seht dann den blauen Weg auf dem Stadtplan an. Welcher Text passt?

1. Geht zuerst um den Platz herum bis zur Müllerstraße, dann geradeaus bis zur ersten Kreuzung. Dort geht ihr nach rechts um die Kurve in die Kaiserstraße. Hier findet ihr das Stadttheater gegenüber einer Kirche.

2. Zuerst geht ihr hier rechts um diesen Platz herum bis zur Müllerstraße, dann geht ihr die Müllerstraße entlang bis zur zweiten Kreuzung. An der Kreuzung biegt ihr links ab in die Kaiserstraße. Dort ist das Stadttheater. Es ist gleich gegenüber einer Kirche.

G

Präpositionen *gegenüber, um … herum, entlang*

gegenüber + Dativ
Die Kirche ist gegenüber dem Park / der Haltestelle.

um + Akkusativ
Du gehst um die Ecke.

um … herum + Akkusativ
Du gehst um das Haus / die Häuser herum.

entlang + Akkusativ
Geht den Fluss / die breite Straße entlang.

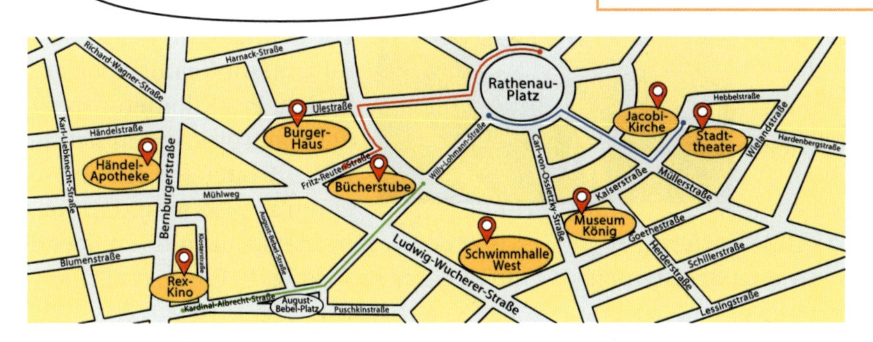

Tipp!
In der gesprochenen Sprache sagt man oft *gegenüber von*:
Das Kino ist gegenüber vom Bahnhof.

b Arbeitet zu zweit. Beschreibt euch gegenseitig einen Weg auf dem Stadtplan in 4a (rot oder grün).

Nach dem Weg fragen	Einen Weg beschreiben
Entschuldigung, … Wo kann man hier gute Hamburger essen? Ich suche eine Apotheke. Gibt es in der Nähe ein Museum / einen Park? Wie komme ich zum Schwimmbad?	Geh / Gehen Sie geradeaus / nach links/rechts / bis zur Kreuzung/ Ampel/Einbahnstraße / zum Hauptbahnhof / … Geh / Gehen Sie an der Kreuzung/Ecke / am Platz /… nach links/rechts. Geh / Gehen Sie über die Straße / den Platz … Du musst / Sie müssen die Straße überqueren / an der Kreuzung nach links/rechts abbiegen / den Fluss entlang gehen. Geh / Gehen Sie um das Haus / den Platz /… herum. Daneben / Gegenüber der Kirche liegt / befindet sich / ist …

5

a Sag mal … *n, nn, ng, nk* – Hört die Wörter und sprecht nach.

1 die Straße**n** gehe**n** der Bah**n**hof	**2** die Pa**nn**e kö**nn**en die Mä**nn**er	**3** Achtu**ng**! die Kreuzu**ng** die Warteschla**ng**e	**4** die Ba**nk** der Treffpu**nk**t Fra**nk**furt

b *n, nn, ng oder nk*? Hört und schreibt die Wörter. Lest die Wörter dann zu zweit im Wechsel laut.

1. i ___ lusive
2. Campi ___
3. pü ___ tlich
4. die Verspätu ___
5. ke ___ en
6. die Richtu ___
7. li ___ s
8. die Durchsage ___

c Wählt Wörter aus 5b und bildet Sätze.

Ich liebe Camping.

Reisen für einen guten Zweck

6 a Auf der Reise – Mit welchen Verkehrsmitteln reist ihr normalerweise oder seid ihr schon gereist und wohin? Welche Verkehrsmittel sind besonders günstig, welche sind teuer? Wie kann man noch reisen? Sammelt in Gruppen Ideen.

Wir sind letztes Jahr in den Urlaub geflogen. Ich glaube, das war teuer.

Wenn man per Anhalter reist, muss man nichts bezahlen.

Das ist aber gefährlich, oder?

b BreakOut – Lest den Zeitungsbericht. Worum geht es bei BreakOut? Was ist besonders an der Reise?

BreakOut– Das ganz besondere Reiseabenteuer

Am 15. Juni ist es wieder so weit. In Zweierteams geht es ab München, Berlin oder Köln zu Fuß, mit dem Fahrrad, per Anhalter, mit dem Zug oder mit dem Segelboot durch Europa. Alle Teams versuchen, in maximal 36 Stunden eine möglichst große Entfernung zurückzulegen. Es gibt nur eine Bedingung: Es ist nicht erlaubt, Geld für Verkehrsmittel auszugeben. Vor dem Beginn der Reise müssen die Teams Sponsoren finden. Pro Kilometer spenden die Sponsoren einen Betrag, z. B. 1 € oder 2 €, für einen guten Zweck. Jedes Jahr unterstützt der Verein BreakOut mit den Spenden ein anderes Projekt, z. B. EinDollarBrille.

c Lest den Zeitungsbericht weiter und beantwortet die W-Fragen 1 bis 6. Macht zuerst Notizen. Vergleicht dann in Gruppen.

Wanda (20) und Fabio (21) waren schon beim letzten BreakOut dabei und sie haben beschlossen, auch in diesem Jahr wieder mitzumachen und in München zu starten. „Letztes Jahr haben wir es von Berlin bis nach Aarhus in Dänemark geschafft und 830 € Spenden gesammelt. Das hat sich gelohnt! Diesmal planen wir, nach Süden zu fahren und bis nach Frankreich zu reisen“, erzählt Wanda. Sie und Fabio sind letztes Jahr die meiste Zeit per Anhalter unterwegs gewesen. Dieses Mal haben sie vor, einen Zug zu nehmen. Hoffentlich nimmt der Schaffner sie ohne Ticket mit! Die Sponsoren können ihrem Team außerdem besondere Herausforderungen (Challenges) stellen. Wenn ein Team eine Challenge geschafft hat, bekommt es dafür extra Geld. „Letztes Jahr mussten wir echt peinliche Sachen machen, aber das war uns egal. In Hamburg mussten wir uns z. B. fünf Minuten mitten in der Fußgängerzone mit einem Abfalleimer unterhalten. Dafür gab es 20 € extra“, berichtet Fabio stolz.

Mit der BreakOut-App laden die Teams ihre aktuelle Position, Texte und Fotos als Beweise hoch. Die Sponsoren und Fans wissen also immer, wo sich ihr Team gerade befindet, welches Fahrzeug sie nutzen und welche Challenges sie erledigt haben. Die Sponsoren können über die App auch neue Challenges stellen.

Am Ende können die Teams auch Preise gewinnen. Es gibt z. B. Preise für die beste Reisedokumentation, für die beste Challenge, für die weiteste Reise und für die meisten Spenden.

Ihr seid mindestens 18 Jahre alt und wollt dieses Jahr auch für einen guten Zweck auf Reisen gehen? Auf der BreakOut-Webseite findet ihr alle wichtigen Informationen zur Teilnahme. Es ist möglich, sich bis zum 23.5. auf der Webseite anzumelden.

1. Von wo bis wo sind Wanda und Fabio letztes Jahr gereist?
2. Wohin wollen die beiden dieses Jahr reisen und wie wollen sie ihr Ziel erreichen?
3. Wie haben die beiden 20 € extra verdient?
4. Wie kann man erfahren, wie weit die Teams schon gekommen sind?
5. Wofür können die Teams etwas gewinnen?
6. Wer kann bei BreakOut mitmachen?

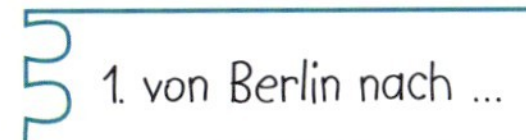

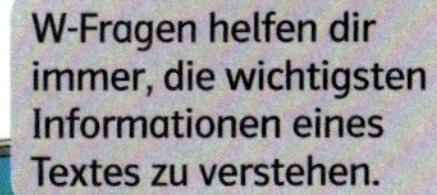

7 a Lest den Text in 6c noch einmal und ergänzt die Sätze 1 bis 6 an der Tafel.

1. ___, in maximal 36 Stunden eine möglichst große Entfernung zurückzulegen.
2. Es ist aber nicht erlaubt, ___.
3. Sie haben beschlossen, ___.
4. ___, nach Süden zu fahren und bis nach Frankreich zu reisen.
5. Dieses Mal haben sie vor, ___.
6. ___, sich bis zum 23.5. auf der Webseite anzumelden.

b Was denkt ihr über das Event BreakOut? Ergänzt die Infinitivsätze 1 bis 5. Sprecht zuerst und schreibt die Sätze dann ins Heft.

G

Infinitivsätze mit *zu*

Sie haben beschlossen,	in München	**zu** starten.
Es ist nicht erlaubt,	Geld für Verkehrsmittel	aus**zu**geben.
		Ende

Infinitivsätze mit *zu* stehen nach
- Adjektiven + *sein/finden (Es ist toll/möglich, … Ich finde es schwierig/ anstrengend, …),*
- Nomen + *haben (Ich habe Lust/Zeit/Angst, …)*
- bestimmten Verben (*versuchen, schaffen, überreden, beschließen, anfangen, aufhören, vorhaben, planen, sich freuen, vorschlagen, vergessen, …*).

1. Ich habe (keine) Lust, …
2. Es ist bestimmt toll, …
3. Es ist eine/keine gute Idee, …
4. Vielleicht hat man (keine) Zeit, …
5. Es ist sicher nicht leicht, …

✦ alle Challenges erledigen ✦ an so einem Event teilnehmen ✦ einen Platz zum Schlafen finden ✦ auch einmal ohne Geld reisen ✦ Reisen mit einem guten Zweck verbinden ✦

1. Ich habe Lust, auch einmal ohne Geld zu reisen.

c Hört die Sätze und sprecht nach. Sprecht dann eure Sätze aus 7b mit Betonung.

1. Ich habe keine Lust, mit dem Bus zu fahren.
2. Es ist bestimmt nicht leicht, ohne Geld zu reisen.

d Wie heißt der Satz in anderen Sprachen? Vergleicht.

Ich habe Angst, alleine **zu** reisen.

J'ai peur de voyager seul.

e Challenges – Ihr seid Sponsoren. Überlegt euch Challenges für ein Team. Arbeitet in Gruppen und vergleicht in der Klasse. Welche Gruppe hat die lustigste Challenge?

Ihr müsst eine fremde Person in der Stadt überreden, euch ein Souvenir zu kaufen.
Ihr müsst versuchen, …
Schafft ihr es, …?

Ich würde gern ...

8 **a** **Traumurlaub – Hört die Umfrage im Radio und ergänzt die Sätze 1 bis 8.**

1.24

Alina

Herr Müller

Frau Ehlers

Boris

1. Alina hätte Lust, nach ___ zu reisen.
2. Sie würde am ___ liegen, surfen und auf ___ gehen.
3. Herr Müller würde gern nach ___ fliegen.
4. Er und sein Cousin würden mit dem ___ von Osten nach Westen fahren.
5. Frau Ehlers wäre gern mal in ___.
6. In Florenz würde sie alle ___ besuchen.
7. Boris würde gern ___ lernen.
8. Außerdem wäre er viel mit dem ___ unterwegs.

G

Konjunktiv II: *würde* + Infinitiv

Ich würde gern nach Bali reisen.

Konjunktiv II von *werden*

ich würd**e**	wir würd**en**
du würd**est**	ihr würd**et**
er/es/sie würd**e**	sie/Sie würd**en**

G

Konjunktiv II von *sein*

ich wär**e**	wir wär**en**
du wär**st**	ihr wär**t**
er/es/sie wär**e**	sie/Sie wär**en**

R5

b **Was wünschen sich die Personen? Sprecht zu zweit. Schreibt dann die Sätze.**

Realität	Wunsch
1. Jasmin hat keine Ferien.	Jasmin ___ jetzt gern Ferien.
2. Phillipp war noch nie in Chile.	Phillipp ___ gern einmal in Chile.
3. Mariam hat noch nie eine Flugreise gemacht.	Mariam ___ gern einmal eine Flugreise ___.
4. Zoe und Tine haben kein Geld für eine Reise.	Zoe und Tine ___ gern Geld für eine Reise.

c **Seht euch die Bilder an. Was wünscht sich Sophie? Sprecht in Gruppen über die Bilder und schreibt dann zu jedem Bild mindestens einen Satz.**

Sophie hätte jetzt gern ...

d **Wo wärt ihr gern mal im Urlaub? Wie würdet ihr dorthin reisen? Erzählt in Gruppen.**

Ich wäre gern mal in Schottland. Ich würde mit der Bahn und mit der Fähre fahren. In Schottland würde ich ...

9 a **Seht die Bilder an. Was ist mit Kim los? Wo ist sie? Wo sind ihre Freunde? Was machen sie? Erzählt in Gruppen.**

b **Was denkt Kim? Was passt zusammen? Ordnet die Sätze zu und sprecht zu zweit.**

1. Wenn ich auch in einem Hotel mit Swimmingpool wäre,
2. Wenn ich eine Segeltour auf dem Ozean machen würde,
3. Wenn ich jetzt bei Marie und Jenny wäre,
4. Wenn ich auch einen Job auf dem Jahrmarkt hätte,

A hätten wir zusammen in Paris viel Spaß.
B würde ich das Geld für Karussells und Eis wieder ausgeben.
C wäre mir überhaupt nie langweilig.
D würde ich den ganzen Tag schwimmen.

G

Irreale Bedingungen nennen: *wenn* + Konjunktiv II

Wenn ich im Urlaub zelten würde, wäre mir überhaupt nie langweilig.

Wenn ich einen Ferienjob hätte, würde ich viel Geld verdienen.

c **Was wäre, wenn … – Was würdet ihr tun? Sprecht zu zweit und ergänzt dann die Sätze im Heft. Vergleicht anschließend in Gruppen.**

1. Wenn ich einen Campingurlaub machen würde, …
2. Wenn ich einen coolen Ferienjob hätte, …
3. Wenn ich mit meinen Freunden Urlaub machen könnte, …
4. Wenn es in den Ferien nur regnen würde, …
5. Wenn ich kein Geld für Verkehrsmittel hätte, …
6. Wenn ich im Urlaub auf einer Burg wohnen würde, …

10 **Freie Wahl – A, B oder C?**

A Recherchiert einen Urlaubsort in DACH. Wie kommt man dorthin? Wie lange dauert die Fahrt? Was kostet sie? Was wollt ihr dort machen? Erstellt einen Reiseplan.

B Blöd gelaufen… Habt ihr euch schon einmal verlaufen, hattet ihr schon eine Panne oder habt ihr mal in einer wichtigen Situation euer Handy vergessen? Was ist dann passiert? Schreibt die Geschichte.

C Bildet in Gruppen Kettensätze. Wer findet die meisten Sätze?

Wenn ich jetzt Ferien hätte, …

… würde ich eine Radtour machen.

Wenn ich eine Radtour machen würde, würde ich …

Was kann ich nach Kapitel 5?

Wortschatz / Redemittel

Reisen und Verkehr
die Autobahn, der Stau, die Strecke, die Entfernung, die Umleitung, umfahren, überholen, das Zelt, campen, der ICE, die Verspätung, das Gleis, der Flughafen, der Schalter, der Terminal, der Ausgang, die Geschwindigkeitsbeschränkung, landen

Nach dem Weg fragen
Wo kann man hier …? Ich suche …
Gibt es hier in der Nähe …?
Wie komme ich von … zu …?

Einen Weg beschreiben
Geh die Einbahnstraße / den Fluss / … entlang.
Du musst die Straße überqueren / an der Kreuzung / an der Ecke links/rechts abbiegen.
Das Ziel ist/liegt gegenüber der Kirche / dem Park / …

Spielt in Gruppen. Wählt abwechselnd Wörter zum Thema Reisen und Verkehr und beschreibt sie. Die anderen raten.

Hier darf man sehr schnell fahren.

Die Autobahn!

Arbeitet zu zweit. Fragt und beschreibt euch gegenseitig den Weg von eurer Schule zu einem Ziel ganz in der Nähe.

Wie komme ich von der Schule zum Supermarkt?

Geh geradeaus bis zum …

Grammatik

Präpositionen *gegenüber*, *um … herum*, *entlang*
gegenüber + Dativ
Die Kirche ist gegenüber dem Park.
um … herum + Akkusativ
Du gehst um das Museum herum.
entlang + Akkusativ
Geht den Fluss entlang.

Infinitivsätze

Sie haben beschlossen, in München **zu** starten.

Es ist nicht erlaubt, Geld aus**zu**geben.

Infinitivsätze mit *zu* stehen nach
- Adjektiven + *sein*/*finden*,
- Nomen + *haben*,
- bestimmten Verben (*versuchen*, *schaffen*, *überreden* …)

Konjunktiv II: *würde* + Infinitiv

Ich würde gern nach Bali reisen.

Konjunktiv II von *sein*		**Konjunktiv II von *werden***	
ich wäre	wir wär**en**	ich würde	wir würd**en**
du wär**st**	ihr wär**t**	du würde**st**	ihr würde**t**
er/es/sie wäre	sie/Sie wär**en**	er/es/sie würd**en**	sie/Sie würd**en**

Irreale Bedingungen nennen: *wenn* + Konjunktiv II

Wenn ich zelten würde, wäre mir nie langweilig.

Wenn ich einen Ferienjob hätte, würde ich viel Geld verdienen.

Wo ist was? Wie muss man gehen? Beschreibt.

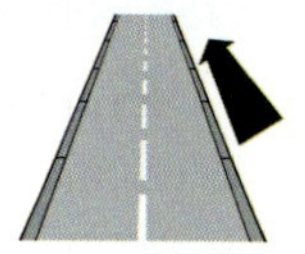

Geh um …

Bildet Infinitivsätze und sprecht zu zweit.

✦ (nicht) gut finden ✦ versuchen ✦ schaffen ✦ (keine) Lust / Zeit haben ✦ vorschlagen ✦ anstrengend finden… ✦

✦ Ferien haben ✦ Haustiere haben ✦ ins Kino gehen ✦ gute Noten haben ✦ laute Musik hören ✦ Sport machen ✦ lernen ✦ … ✦

Ich finde es gut, ein Haustier zu haben.

Welche Wünsche habt ihr jetzt gerade? Fragt und antwortet zu zweit wie im Beispiel.

✦ wo gern sein ✦ was gern essen✦ was gern machen ✦ was gern haben ✦ wohin gern reisen ✦

Wo wärst du jetzt gern?

Ich wäre gern in …

Was wäre, wenn …? Überlegt in Gruppen.

✦ jetzt Ferien haben ✦ Lehrer sein ✦ 18 sein ✦ morgen einen Test schreiben ✦

Wenn ich 18 wäre, würde ich Auto fahren.

Echt? Ich würde … Und du?

Aus Wissenschaft und Technik 6

A Marvin Scherschel hatte in der Schule keine Lust, mit langen Vokabellisten zu arbeiten. Ihm und seinen Freunden gefiel es viel besser, die Vokabeln mit aktuellen Liedern zu lernen. Darum hat er eine Software entwickelt, mit der man im Internet Vokabeln in aktuellen Liedern suchen kann. 2012 hat er bei *Jugend forscht* im Saarland gewonnen, heute ist er Unternehmer und hat eine eigene Firma.

B Wenn Kühlschränke, Klimaanlagen, Staubsauger oder Musikanlagen mit dem Internet kommunizieren sollen, muss man neue Geräte kaufen, die die passende Technologie haben. Und was macht man mit den alten Geräten? Für *Jugend forscht* hat Nils Lüpke eine spezielle Box erfunden, an die man alte Geräte anschließen kann. So kann auch eine alte Lampe jederzeit mit dem *Internet der Dinge* kommunizieren.

C Menschen, die blind sind oder schlecht sehen können, benutzen oft einen Blindenstock. Der ist manchmal unpraktisch. Darum haben Eva-Maria Kolb und Robin Lauerer einen digitalen Blindenstock mit Alarm-Funktion entwickelt. Das Gerät kann man an der Hand tragen und es warnt die Person automatisch mit Signalen, wenn etwas im Weg steht.

1 a **Jugend forscht – Lest die Texte zu den Jugendlichen und ihren Erfindungen. Sammelt Informationen in einer Tabelle.**

Wer?	Was erfunden?	Was macht / kann ...?	Warum?	...

b **Vergleicht eure Ergebnisse zu zweit.**

c **Welches Produkt würdet ihr kaufen? Wie gefallen euch die anderen Ideen? Sprecht in Gruppen und begründet eure Meinung.**

d **Neue Wörter verstehen – Bei welchen Wörtern haben euch andere Sprachen beim Verstehen geholfen? Sammelt in der Klasse.**

die Liste, blind, ...

Das lernen wir: über Technik und Forschung sprechen | ein Interview über Elektromobilität verstehen | Überraschung äußern | einen Text über Roboter verstehen | eine Präsentation halten | **Grammatik:** Stellung der Personalpronomen im Satz | Relativsatz im Dativ und mit Präposition | *wegen* + Genitiv | **Aussprache:** Fremdwörter sprechen

Voll mobil ...

2 **a** **Aus der Technik-AG – Lest den Comic. Was hat Kim gebaut? Was geht schief? Sprecht zu zweit.**

b **Vergleicht mit einem anderen Paar und fasst zusammen, was passiert ist. Jeder sagt 1 bis 2 Sätze zu einem Bild.**

3 **a** **Lest den Grammatikkasten. Was ändert sich in den Sätzen, wenn der Akkusativ ein Pronomen ist?**

G

Stellung der Personalpronomen im Satz

1. Du musst Kim den Roller zurückbringen!
2. Du musst ihr den Roller zurückbringen!
3. Du musst ihn Kim zurückbringen!
4. Du musst ihn ihr zurückbringen!

Manche Verben können Akkusativ und Dativ haben, z. B. *erzählen, bringen, wünschen, schenken, kaufen, zeigen, verbieten, senden, …*

b **Wie heißen die Sätze 1 bis 4 aus 3a in eurer Sprache? Was ist gleich? Was ist anders?**

c **Arbeitet zu zweit. Fragt und antwortet wie im Beispiel.**

1. Leihst du Tim dein Fahrrad?
2. Kauft dir dein Vater das coole Handy?
3. Erzählt Kim ihren Eltern die Geschichte mit dem Roller?
4. Schenkst du deiner Schwester deinen alten Laptop?
5. Zeigt Jana ihren Freundinnen ihre neuen Fotos?
6. Bringt ihr uns das Wörterbuch mit?
7. Schickst du deinem Lehrer heute die Dateien?

Leihst du Tim dein Fahrrad?

Ja, ich leihe es ihm.

4 **a** **Fahren mit Strom – Arbeitet in Gruppen. Lest die Wörter und erklärt die Bedeutung. Ihr könnt wie in den Beispielen übersetzen, das Wort umschreiben, zeichnen, spielen, …**

✦ der Strom ✦ (auf)laden ✦ die Ladestation ✦ elektrisch ✦ das Elektro-Auto ✦ der Verkehr ✦ das Benzin ✦ die Abgase ✦ der Diesel ✦ umweltfreundlich ✦ die Batterie / der Akku ✦ die Zukunft ✦ mobil ✦ teuer ✦ technisch ✦ die Energie ✦ die Telefonzelle ✦ schädlich ✦ die Tankstelle ✦ tanken ✦ das E-Bike ✦ die Steckdose ✦

Tankstelle heißt stacja benzynowa.

Die Zukunft ist nicht heute, sondern morgen, in einem Monat oder in ein paar Jahren.

b **Ein Interview – Lest die Aussagen 1 bis 8. Hört dann das Interview mit Frau Dr. Wolf. Welche Aussagen sind richtig?**

1. Es fahren weniger Autos und Busse mit Strom statt mit Diesel oder Benzin.
2. Elektro-Autos sind so teuer wie Autos mit Benzin-Motor.
3. Ladestationen sind seltener als Tankstellen.
4. Elektro-Fahrräder sind noch nicht sehr beliebt.
5. In 20 Jahren wollen sich die meisten Menschen Elektro-Autos nur leihen.
6. In Zukunft kaufen die Menschen weniger Autos als heute.
7. In Kopenhagen dürfen keine Autos mehr fahren.
8. Elektro-Fahrzeuge sind sehr gut für unsere Umwelt.

c **Vergleicht eure Ergebnisse in der Gruppe und korrigiert die falschen Aussagen.**

d **Welche Aussagen von Frau Dr. Wolf waren neu für euch? Sprecht und sammelt in der Klasse.**

e **Eure Schule organisiert eine Projektwoche zum Thema „Neue Technologien". Berichtet, was ihr im Interview über Elektromobilität erfahren habt.**

5 **Überrascht? – Lest die Meldungen aus der Zukunft, hört das Beispiel und sprecht mit Betonung.**

Fliegen mit Sonnenenergie – für 50 € in die USA

Sensation in der Medizin – Computer ersetzt Gehirn

Entdeckung: Pflanzen können sprechen

Leben auf dem Mond – Mieten Sie jetzt eine Wohnung!

Was? Pflanzen können sprechen? Das wundert mich!

Überraschung äußern
Echt?
Wirklich?
Das wundert/überrascht mich.
Das ist neu für mich.
Das wusste ich nicht!
Das gibt´s doch gar nicht!

Roboter

6 **a** **Seht die Bilder an und beschreibt sie. Wo ist das? Welche Aufgabe übernehmen die Roboter in den Situationen? Sprecht in Gruppen.**

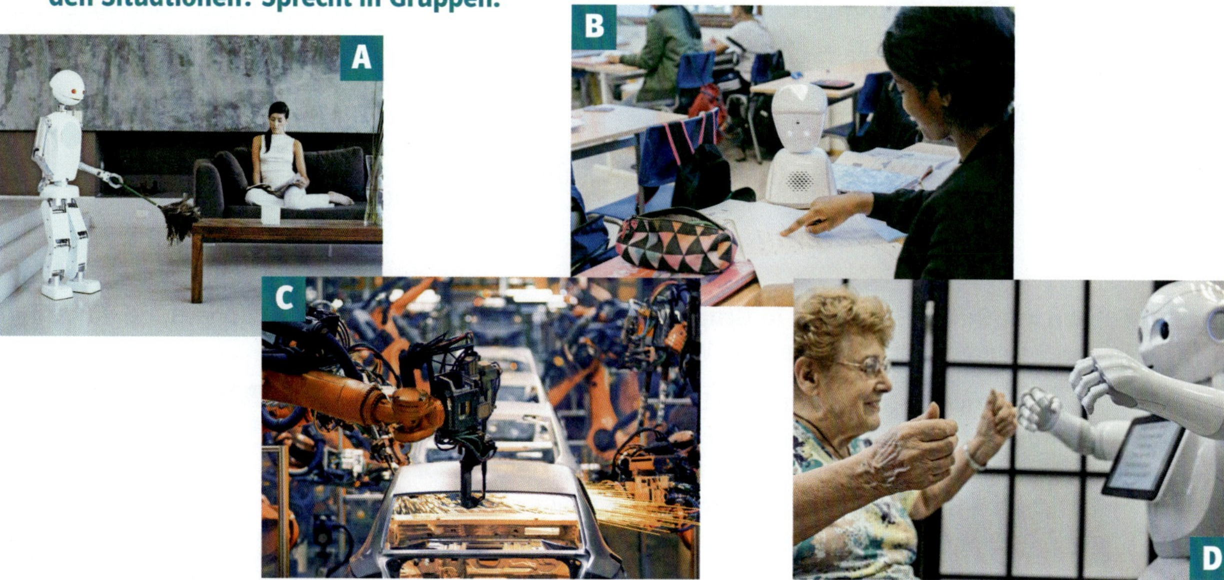

b **Kennt ihr noch andere Bereiche, wo man Roboter einsetzt? Was machen sie da? Sammelt.**

c **Lest den Text. Welches Foto aus 6a passt zu welchem Textabschnitt A bis D?**

Was Roboter alles können

Die Forschung arbeitet intensiv an der Weiterentwicklung von Robotern. Vieles, was man früher nur aus Science-Fiction-Filmen kannte, ist heute schon Wirklichkeit. Aber selbstständig denken können Roboter auch heute nicht. Sie benötigen Befehle, die ein Mensch programmieren muss. Allerdings gibt es bereits Roboter, die aus ihren Fehlern lernen und ihr Verhalten selbstständig ändern können. Es gibt auch Roboter, mit denen man sich unterhalten kann und die auf Gefühle reagieren.

A In vielen privaten Haushalten gibt es bereits Roboter, z. B. Staubsauger, die allein durch die Wohnung fahren, oder Rasenmäher, die im Garten unterwegs sind und das Gras mähen. Das ist ganz angenehm, aber viele Menschen hätten sicher gern einen Roboter, der mehr kann, der z. B. Staub wischt oder das Essen vorbereitet.

B Der Roboter, dem man in Kinderkrankenhäusern und Altenheimen begegnet, heißt Zora. Er soll Kinder und alte Menschen motivieren, sich zu bewegen. Er macht die Bewegungen vor, die Menschen machen sie nach. Zora kann ungefähr 30 verschiedene Übungen, tanzen und Geschichten erzählen. Außerdem erinnert er die Patienten, ihre Medikamente einzunehmen. Roboter, die im Kontakt mit Menschen sind, haben oft Augen und Münder. Menschen sprechen dann lieber mit ihnen. Zu menschenähnlich dürfen sie aber auch nicht sein, dann finden die meisten Leute sie unheimlich.

C Roboter können auch Kinder und Jugendliche unterstützen, die schwer krank sind und lange nicht zur Schule gehen können. Die Roboter, durch die die Kinder am Unterricht teilnehmen können, sind teuer. Aber sie erleichtern es den Kindern, mit ihren Mitschülern zu kommunizieren und in Kontakt zu bleiben. Das ist für die Kranken, die isoliert zu Hause sind und wenig Beschäftigung haben, eine große Hilfe. Sie können nicht nur dem Unterricht folgen, sondern können auch mit ihren Freunden sprechen.

D Besonders in der Auto-Industrie gibt es viele Roboter, die schwere, monotone oder auch gefährliche Tätigkeiten in der Produktion übernehmen. Für Betriebe spielen meistens die Kosten eine wichtige Rolle. Der Einsatz von Robotern ist billiger als menschliche Arbeiter und Angestellte. Und so verschwinden viele Arbeitsplätze.

d **Arbeitet zu fünft. Jeder liest einen Abschnitt (Einleitung, A–D). Notiert wichtige Informationen aus dem Text: Was können die Roboter? Was sind die Vorteile? Welche Informationen sind noch interessant? Schließt dann die Bücher und sammelt in der Gruppe. Was war neu für euch oder besonders interessant?**

7

a **Was sagen die Personen? Hört und ordnet zu.**

Martha P., 54

Ben H., 32

Levin T., 24

Olivia K., 42

Lilly K., 16

Maxi B., 12

1. Martha arbeitet in einer Firma,
2. Ben hat einen Staubsauger-Roboter,
3. Levin entwickelt ein Programm,
4. Olivia hat eine ältere Nachbarin,
5. Lilly hat kleine Roboterhunde,
6. Maxi möchte einen Roboter,

A mit denen sie am Anfang viel Spaß hatte.
B dem er alles erzählen kann.
C der sie einen Roboter schenken würde.
D auf den er nicht verzichten möchte.
E durch das Roboter besser laufen lernen.
F in der es auch Roboter gibt.

b **Lest die Regeln. Welche Sätze aus 7a passen zu welchem Relativsatz (im Dativ / mit Präposition)? Ordnet zu.**

G

1. Relativsatz im Dativ
Der Roboter heißt Zora. Man begegnet dem Roboter in Altenheimen.

Der Roboter, **dem** man in Altenheimen begegnet, heißt Zora.

Die Relativpronomen im Dativ haben im Singular die gleiche Form wie die Artikel:
dem, dem, der ! Plural: denen

2. Relativsatz mit Präposition
Die Präposition steht vor dem Relativpronomen.
Es gibt Roboter. Man kann sich mit **den** Robotern unterhalten.

Es gibt Roboter, mit **denen** man sich unterhalten kann.

c **Was brauchen wir? Bildet Relativsätze. Sprecht in der Klasse. Schreibt die Sätze dann ins Heft.**

✦ weit springen mit (+ D) ✦ auch fliegen mit (+ D) ✦ sich kümmern um (+ A) ✦ lachen über (+ A) ✦ alle Aufgaben lösen mit (+ D) ✦ schnell schwimmen mit (+ D) ✦

1. Ich würde ein Fahrrad kaufen, ___.
2. Ich hätte gern ein Roboterhaustier, ___.
3. Ich will eine Badehose / einen Badeanzug, ___.
4. Ich hätte gern einen lustigen Roboter, ___.
5. Ich brauche Sportschuhe, ___.
6. Ein Stift, ___, wäre schön.

Ich würde ein Fahrrad kaufen, mit dem ich auch fliegen kann.

d **Die Welt in 50 Jahren – Ein Schüler / Eine Schülerin aus der Zukunft beschreibt seinen/ihren Tag (Schule, Lernen, Wohnen, Verkehr, ...). Schreibt zu zweit einen Text.**

Heute hat mich Otto, mein persönlicher Roboter, um 9 Uhr geweckt. ...

Technik für die Umwelt

8 a Umwelt – Hört den Anfang von Mias Präsentation und ergänzt die Sätze.

✦ wegen der Akkus ✦ wegen der Natur ✦ wegen eines Umweltprojekts ✦ wegen des hohen Stromverbrauchs ✦ wegen einer Diskussion mit ihren Eltern ✦

1. Mia hat ___ viel recherchiert.
2. ___ hat Mia jetzt einen Plan zum Energiesparen gemacht.
3. ___ sollten wir alle mehr Energie sparen.
4. ___ werden alternative Energiequellen wie Sonne oder Wind immer wichtiger.
5. E-Roller und E-Bikes sind super. Aber auch sie verbrauchen ___ viel Strom.

G

***wegen* + Genitiv**

Warum?

der	wegen eines Plan**s** / wegen des Plan**s**
das	wegen eines Projekt**s** / des Projekt**s**
die	wegen einer Diskussion / der Diskussion
die	wegen Autos / der Autos

Adjektivdeklination im Genitiv: immer *-en*

*wegen eines/des gut**en** Plans*

*wegen der zahlreich**en** Autos*

! unbestimmter Artikel im Plural + Adjektiv: *-er*

*wegen zahlreich**er** Autos*

b Warum? – Sprecht zu zweit. A stellt die erste Frage, B antwortet mit *wegen*. Dann wechselt ihr.

1. Warum sollten alle Länder über alternative Energien nachdenken? (Die Umwelt)
2. Warum sollten alle Firmen umweltfreundlicher handeln? (Das Klima)
3. Warum sollten alle Menschen weniger Energie verschwenden? (Der Klimawandel)
4. Warum sollten wir weniger Auto fahren? (Die Luft)
5. Warum sollten wir weniger Plastik und Kunststoff verwenden? (Die Müllberge)
6. Warum sollte es mehr Blumen geben? (Die Insekten)

Warum sollten alle Länder über alternative Energien nachdenken?

Wegen der Umwelt.

c Schreibt mit den Informationen aus 8b Sätze ins Heft.

Wegen der Umwelt sollten alle Länder über alternative Energien nachdenken.

9 a Was ist wichtig bei Präsentationen und Vorträgen? Sammelt in der Klasse Tipps.

Man sollte verständlich sprechen.

Die Zuhörer ansehen ist wichtig.

b Eine Präsentation – Arbeitet zu zweit und entscheidet euch für ein Thema.

Soll Umweltschutz ein Schulfach sein?

Sollen öffentliche Verkehrsmittel kostenlos sein?

Sollte man Handys in Schulen verbieten?

Brauchen wir Roboter in Schulen, Krankenhäusern etc.?

c Bereitet zu zweit die Präsentation vor. Macht Notizen für jede Folie.

Stell dein Thema vor. Erklär den Inhalt und die Struktur deiner Präsentation.	**Folie 1** **Thema**	Mein Thema ist … Zuerst spreche ich über … Dann … Danach … und am Schluss …
Berichte von deiner Situation oder einem Erlebnis im Zusammenhang mit dem Thema.	**Folie 2** *Thema* **Meine persönlichen Erfahrungen**	Ich persönlich … Ich habe die Erfahrung gemacht, dass …
Berichte von der Situation in deinem Heimatland und gib Beispiele.	**Folie 3** *Thema* **Vergleich mit meinem Heimatland**	Bei uns … In Spanien/Italien/ … Hier …
Nenne Vor- und Nachteile und sag deine Meinung dazu.	**Folie 4** *Thema* **Vor- und Nachteile und meine Meinung**	Ein Vorteil/Nachteil ist … Ich finde es positiv/negativ, dass … Meiner Meinung nach … Ich denke/finde/glaube, dass …
Beende deine Präsentation und bedanke dich bei den Zuhörern.	**Folie 5** *Thema* **Abschluss und Dank**	Meine Präsentation ist jetzt zu Ende. Ich hoffe, es war interessant für euch. Vielen Dank fürs Zuhören / für eure Aufmerksamkeit.

d Sucht einen Partner / eine Partnerin mit einem anderen Thema und haltet eure Präsentationen. Nehmt euch gegenseitig mit dem Handy auf. Was könnt ihr noch verbessern?

10

1.29

a Sag mal … Fremdwörter sprechen – Hört die Wörter. Wo ist der Wortakzent?

1. die Kommunikation
2. die Technologie
3. die Mobilität
4. die Energie
5. das Signal
6. die Biologie
7. die Chemie
8. die Melodie
9. die Temperatur
10. die Präsentation
11. die Situation
12. die Sensation

Tipp! Bei Fremdwörtern liegt der Wortakzent häufig auf der letzten Silbe.

1.30

b Hört die Wörter noch einmal und sprecht nach.

11

Freie Wahl – A, B oder C?

A Recherchiert weitere Informationen zu Robotern und erstellt ein Plakat mit Fotos und kurzen Texten.

B Spielt zu zweit. Jeder schreibt 10 Namen von Personen aus ihrem/seinem Leben auf einen Zettel. Tauscht dann die Zettel und fragt nach den Personen. Antwortet mit einem Relativsatz im Nominativ, Akkusativ, Dativ oder mit Präposition.

Wer ist Anna?

Anna ist die Freundin, mit der ich immer Basketball spiele.

C Schreibt in Gruppen eine Geschichte aus der Sicht eines Roboters, der einer Familie gehört.

Heute musste ich wieder um 6 Uhr aufstehen und das Frühstück für alle vorbereiten. Dann …

Was kann ich nach Kapitel 6?

Wortschatz / Redemittel

Überraschung äußern
Echt? / Wirklich?
Das wundert/überrascht mich.
Das ist neu für mich.
Das wusste ich nicht!
Das gibt´s doch gar nicht!

Eine Präsentation halten: Thema und Struktur nennen
Mein Thema ist …
Zuerst spreche ich über …
Dann … Danach … und am Schluss …

Über eigene Erfahrungen sprechen
Ich habe die Erfahrung gemacht, dass …

Über das Heimatland berichten
Bei uns … / In Spanien/Italien/ Hier …

Vor-/Nachteile und Meinung nennen
Ein Vorteil/Nachteil ist …
Ich finde es positiv/negativ, dass …
Meiner Meinung nach …

Eine Präsentation beenden
Meine Präsentation ist jetzt zu Ende.
Ich hoffe, es war interessant für euch.
Vielen Dank fürs Zuhören / für eure Aufmerksamkeit.

Was hat euch in der letzten Zeit überrascht? Wählt zwei Themen und berichtet kurz.

Elektro-Autos sind nicht sehr umweltfreundlich. Das ist neu für mich.

Wählt ein Thema aus A–C und sprecht über die Fragen 1–3.
1. Berichte über eine eigene Erfahrung.
2. Wie ist es in deiner Heimat?
3. Wie ist deine Meinung zum Thema?

A

Jeder Haushalt braucht einen Roboter

B

Handys erst ab 12 Jahren

C

E-Bikes für alle

Grammatik

Stellung der Personalpronomen im Satz
Dativ vor Akkusativ
Du musst Kim den Roller bringen!
Du musst ihr den Roller bringen!
Akkusativ vor Dativ
Du musst ihn Kim bringen!
Du musst ihn ihr bringen!

Relativsatz im Dativ
Der Roboter, **dem** man in Altenheimen begegnet, heißt Zora.
Relativpronomen im Dativ im Singular
→ wie die Artikel: dem, dem, der ! Plural: denen

Relativsatz mit Präposition
Die Präposition steht vor dem Relativpronomen:

Es gibt Roboter, mit **denen** man sich unterhalten kann.

***wegen* + Genitiv**
der wegen eines / des Plan**s**
das wegen eines / des Projekt**s**
die wegen einer / der Diskussion
die wegen Autos / der Autos
Adjektivdeklination im Genitiv immer *-en*
wegen eines gut**en** Plans
! Plural unbestimmter Artikel *-er*
wegen zahlreich**er** Autos

Fragt und antwortet.
1. Schenkst du mir dein Handy? ☹
2. Sendest du mir alle Fotos? ☺
3. Erklärst du mir das Umweltproblem? ☺
4. Bringst du mir deinen E-Roller mit? ☹

Bildet Relativsätze.
1. In der Fabrik gibt es Roboter. Den Robotern kann man schwere Arbeiten geben.
2. Ich habe einen Onkel. Meinem Onkel gehören zwei neue E-Autos.
3. Wir haben viele Geräte. Für die Geräte brauchen wir Strom.
4. Viele Leute haben Smartphones. Auf die Smartphones wollen sie nicht verzichten.

Warum? Fragt und antwortet.
1. Glücklich? → die Note in Mathe
2. E-Bikes beliebt? → die Schnelligkeit
3. Schlechte Laune? → der Streit mit meinen Eltern
4. Angst haben? → der Termin beim Zahnarzt

Warum bist du heute so glücklich?

Wegen …

1 a Lest zuerst alle Sätze (5 Minuten). Was passt zusammen?

b Übt zu zweit mit dem Karussell. Person A liest eine Frage / einen Satz (blau), Person B liest die Antwort (rot). Dann tauscht ihr wieder.

Training

2

1.31

a *Immer dasselbe!* – **Seht die Bilder an und hört die Dialoge. Worüber sprechen die Personen? Wie ist die Betonung (freundlich, glücklich, …)? Sprecht zu zweit.**

A

B

b **Was passt zusammen? Ordnet zu und sprecht zu zweit die Mini-Dialoge wie in 2a.**

1. Ich nehme heute den Bus um 15:20 Uhr.
2. Meine Pizza schmeckt nicht.
3. Kajas Party war super!
4. Ich war am Wochenende auf einem Konzert in der Olympiahalle.

A Am Samstag? Ich auch! Dann waren wir auf demselben!
B Ich fahre mit demselben. Treffen wir uns an der Haltestelle?
C Komisch. Wir haben doch dieselbe. Und mein Stück ist lecker.
D Äh … warst du auf derselben wie ich? Die war doch voll langweilig!

c **Arbeitet zu zweit. Schreibt und spielt zu 1-4 je einen Dialog wie in 2b.**

✦ 1. an demselben Ort Ferien machen ✦ 2. dieselben Serien sehen ✦ 3. zu demselben Spiel gehen ✦ 4. ein Fan von derselben Band sein ✦

3

a **Rückendiktat – Arbeitet zu zweit. A diktiert einen Satz, B schreibt. Wechselt nach jedem Satz.**

A

1. Letztes Jahr war ich von März bis Juli für einen Schüleraustausch in Österreich.
3. Mit meiner Gastschwester Anna bin ich jeden Tag zur Schule gegangen.
5. Aber Anna und ihre Familie haben mir sehr geholfen.
7. Als ich Heimweh hatte, hat Annas Mutter etwas aus meiner Heimat gekocht.
9. Es ist schön, dass ich viele neue Freunde habe und dass ich besser Deutsch kann.

B

2. Als ich am Flughafen in Wien ankam, hat mich meine Gastfamilie abgeholt.
4. Als ich in der Schule war, habe ich am Anfang nur wenig verstanden.
6. Wir haben viele Ausflüge gemacht und ich habe Wien schnell kennengelernt.
8. Das war total lieb und ich habe mich sehr darüber gefreut.
10. Ich möchte meine Gastfamilie wiedersehen, deshalb habe ich sie in mein Land eingeladen.

b **Vergleicht eure Texte mit dem Original, korrigiert und lest zusammen den gesamten Text vor.**

4

Als ich … – **Arbeitet in zwei Gruppen. Bildet Kettensätze wie im Beispiel. Die erste Person aus Gruppe A beginnt, die erste Person aus Gruppe B bildet den nächsten Satz.**

Als mir gestern langweilig war, bin ich ins Kino gegangen.

Als ich ins Kino gegangen bin, habe ich einen Horrorfilm gesehen.

Als ich den …

5 **a** ***Wo ist ...?* – Seht den Stadtplan an und hört die Wegbeschreibungen. Welche Personen erklären den Weg zum Café Berger?**

1.32

b **Arbeitet zu zweit. Lest die Wegbeschreibung zur Post und zeigt den Weg auf dem Stadtplan.**

Das ist ganz leicht. Zuerst gehst du die Hauptstraße entlang bis zur Kreuzung. An der Kreuzung biegst du in die Rosenallee ab. Du gehst geradeaus bis zum Marktplatz. Jetzt gehst du links um den Marktplatz herum. Dann siehst du schon das Rathaus. Hinter dem Rathaus ist die Post.

c **Jede/r wählt eine Rolle aus 5a und spielt die Wegbeschreibung. A spielt die Wegbeschreibung vor. Person B rät: Welche Rolle ist das? Dann wechselt ihr.**

6 ***Was wäre, wenn?* – Sprecht zu viert wie im Beispiel. Verwendet *wäre, hätte, würde*.**

✦ Wenn ich 80 Jahre alt wäre, ... ✦ Wenn ich auf dem Mond leben würde, ... ✦ Wenn ich meinen Hund verstehen könnte, ... ✦ Wenn jetzt das Jahr 2100 wäre, ... ✦

Wenn jetzt das Jahr 2100 wäre,

wäre ich fast 100 Jahre alt.

7

Tolle Freunde … – **Hört zuerst das Beispiel und sprecht dann zu dritt. A stellt eine Frage, B antwortet positiv, C negativ. Dann stellt B eine Frage.**

1.33

Na klar, …

Natürlich, …

Sicher, …

Kein Problem, …

1. Kannst du bitte meinem Opa sein Handy / seinen Roboter / seine App erklären?
2. Leihst du bitte meiner Schwester deinen Ring / ein Skateboard / eine Jacke?
3. Gibst du meinem Hund / meiner Katze / meinem Pferd bitte das Futter?
4. Kannst du meiner Mutter den Einkauf / die Tasche / das Sofa nach Hause tragen?
5. Kaufst du mir bitte auch eine Pizza / einen Kuchen / ein Eis?

Spinnst du? …

Geht´s noch? …

Wieso ich? …

Sicher nicht! …

Warum? …

Kannst du bitte meinem Opa sein Handy erklären?

Na klar, ich erkläre es ihm gerne.

Geht's noch? Erklär es ihm selbst!

8

1.34

a **Sprachmittlung – Ihr seid in Österreich mit dem Zug unterwegs und fahrt mit euren Eltern nach Graz. Hört drei Durchsagen und macht Notizen.**

Informationen zur Fahrt: …
Essen/Trinken: …
Unterhaltung: …

b **Eure Eltern haben die Durchsagen nicht verstanden. Erklärt die Informationen in eurer Sprache.**

9

Kapitelmeister Kapitel 4 bis 6 – Etwas fehlt. Arbeitet zu zweit, ergänzt a bis i und lest vor. Wer hat alles richtig?

a (S. 41)

b (S. 42)

Sag mal, ___ du? Mein T-Shirt!

c (S. 45)

Tipp!

Sätze mit *als*: Etwas ist ___ passiert.
Sätze mit *wenn*: Etwas ist ___ oder ___ passiert.

d (S. 48) 8. Auf der A4 gibt es eine 4 km lange ___.

U

e (S. 51)

1. Ich habe Lust, auch einmal ohne Geld ___.

f (S. 53)

G

Irreale Bedingungen nennen:
***wenn* + Konjunktiv II**

Wenn ich einen ___ hätte, würde ich viel Geld ___.

g (S. 56)

h (S. 57)

Die ___ ist nicht heute, sondern ___, in einem ___ oder in ein paar ___.

i (S. 61)

Folie 4
Thema
Vor- und Nachteile und meine Meinung

Ein Vorteil/___ ist …
Ich ___ es positiv/negativ, dass …

10 **a** **Warum reist ihr gerne? Sammelt Ideen in der Klasse.**

> Ich möchte neue Leute kennenlernen.

> Ich will etwas erleben.

b **Schließt das Buch. Hört das Lied „Los!" von der Munich Supercrew. Welche Orte und Aktivitäten hört ihr? Welche passen zu eurer Sammlung? Welche sind neu?**

c **Was bedeuten die Ausdrücke 1 bis 4 aus dem Lied? Ordnet zu. Wie sagt man das in eurer/euren Sprache/n? Vergleicht und sprecht zu zweit.**

1. die Tage kurz, die Nächte lang
2. Rückenwind haben
3. durch die Straßen ziehen
4. auf und davon ziehen

A weggehen
B lange Partys feiern
C Unterstützung bekommen
D eine (neue) Stadt entdecken

d **Hört das Lied noch einmal und lest mit. Was gefällt euch am besten? Wo würdet ihr am liebsten mitmachen? Sprecht in Gruppen.**

Munich Supercrew
Komm, wir ziehen los!

1 Ich möchte wieder etwas Neues erleben.
Das haben wir doch früher oft getan.
(Das haben wir doch früher oft getan.)
Wie wir im Morgenrot am Hafen standen
und der neue Tag begann.
(Und der neue Tag begann.)

Ich wär´ gern wieder in der Stadt.
Die Tage kurz, die Nächte lang.
Oder mit dir an die Nordsee fahren,
um Bilder in den Sand zu malen.

Komm, wir ziehen los!
Immer weiter, komm, immer weiter, komm!
Wir ziehen los!
Bis über den Horizont, Horizont!

Immer wenn wir auf der Reise sind,
haben wir wieder Rückenwind.
Unser Herz zeigt uns wohin.
Immer wenn wir auf der Reise sind.

2 Wir wollen wieder neue Menschen treffen,
die uns Geschichten erzählen.
(die uns Geschichten erzählen)
Die in ihren Dialekten sprechen,
die nicht jeder versteht.
(die nicht jeder versteht)

Ich wär´ gern wieder mal auf Festivals
und will mit dir vor Bühnen stehen.
Oder würde in die Berge fahren,
um die Skyline der Natur zu sehen.

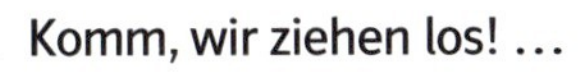

Komm, wir ziehen los! ...

Immer wenn wir auf der Reise sind, ...

3 Ziehen durch die Straßen Berlins,
hissen die Segel in Kiel,
sagen „Moin" in Hamburg,
unser Weg ist das Ziel.

Wie Bremer Stadtmusikanten
ziehen wir auf und davon.
Mit dem Bus bis nach Sachsen
über Dresden nach Bonn.

Von Frankfurt nach Mainz,
mit dem Zug nach Saarbrücken,
und von Stuttgart nach Freiburg
geht es dann wieder nach München.

Wir ziehen los! ...

Immer wenn wir auf der Reise sind, ...

Komm, wir ziehen los!
Komm, wir ziehen los!

e **Hört das Lied noch einmal und summt den Text mit. Hört und singt dann gemeinsam.**

Film 

11 a Darf ich ins Schwimmbad? – Was sagt Lena? Was sagt ihr Vater? Ordnet zu.

Lena: Ich würde gerne heute Nachmittag noch mit Ricki ins Schwimmbad gehen. ___ (1)
Vater: ___ (2)
Lena: Ja, ja, die sind fast fertig.
Vater: Morgen ist doch auch deine Präsentation, oder?
Lena: ___ (3)
Vater: Mensch, Lena, du weißt doch: ___ (4)
Lena: Jetzt chill mal. ___ (5)
Vater: Nee, später bist du zu müde. ___ (6) … ___ (7)
Lena: Ja, schon gut. ___ (8)

A Dann mache ich es eben jetzt!
B Es ist echt wichtig, sich gut vorzubereiten.
C Das mache ich später noch.
D Das nervt.
E Hast du denn deine Hausaufgaben schon gemacht?
F Immer dieselbe Diskussion.
G Ist das okay?
H Na und?

b Seht Teil 1 von Filmclip 2 an und kontrolliert. Lest dann den Dialog zu zweit.

c Lenas Vorbereitung – Was denkt Lena? Sammelt Ideen und vergleicht in der Klasse.

d Seht Teil 2 an. Wie bereitet sich Lena auf ihre Präsentation vor? Bringt die Sätze in die richtige Reihenfolge.

1. Lena schreibt Karten und erstellt ihre Präsentation am Computer.
2. Für ihre Präsentation hat Lena keine Idee.
3. Lena präsentiert Ricki den Inhalt von ihrem Referat.
4. Ricki ruft an und schlägt vor, dass sie Lena hilft.
5. Lena sammelt und ordnet Informationen zum Thema „Die Biene“.

e Welche Ausdrücke und Sätze verwendet Lena für ihr Referat? Ordnet die passenden Teile zu.

1. Heute halte ich ein …
2. Zuerst kommen wir …
3. Als Erstes kommt ein …
4. Meine Präsentation ist …
5. Ich hoffe, es war …
6. Vielen Dank für …

A eure Aufmerksamkeit.
B interessant für euch.
C jetzt zu Ende.
D kleiner Steckbrief …
E Referat über …
F zum Inhalt …

f Lenas Vater fragt, wie die Präsentation war. Wie reagiert Lena? Habt ihr das auch schon einmal gemacht? Warum? Sprecht in Gruppen.

Schule und mehr 7

A

Warum habe ich denn eine Sechs?

Schüler

Weil ich keine Sieben geben darf.

Lehrer

B

C

D

E

Was ist der Komparativ von leer?

Lehrer

Lehrer.

Schüler

F

IRGENDWIE HAB ICH MIR EIN DIGITALES SCHULBUCH ANDERS VORGESTELLT...

G

Wörter mit un- bedeuten etwas Negatives oder Schlechtes wie unglücklich oder unangenehm. Kennt ihr noch andere Beispiele?

Lehrer

Unterricht.

Schüler

1

a **Schule ist lustig – Lest die Witze und Cartoons. Versteht ihr alles? Was findet ihr am witzigsten?**

b **Worüber lacht man in den Witzen und Cartoons?**

In F lacht man über das digitale Lehrbuch, weil es …

c **Wählt einen Witz oder Cartoon aus 1a und erklärt ihn in eurer Sprache.**

d **Kennt ihr auch einen Witz? Erzählt ihn.**

e **Was findet ihr an Schule gut? Was nervt, langweilt oder stresst euch? Sprecht in Gruppen.**

Das lernen wir: Witze und Cartoons über Schule verstehen | Forum über das Schulsystem verstehen | Radiosendung über Fremdsprachen verstehen | Lerntipps geben | gemeinsam etwas planen | eine Grafik beschreiben | eine Umfrage verstehen | Vermutungen äußern | über Zukunftspläne schreiben | **Grammatik:** *innerhalb, außerhalb, während* + Genitiv | Futur I | **Aussprache:** schwaches *e*

Das deutsche Schulsystem

2 a Umzug nach Deutschland – Lest den Beitrag von Amy. Was wisst ihr schon über Schule in Deutschland? Zu welchen Fragen von Amy habt ihr schon Informationen? Sammelt in Gruppen.

Amy 12. Mai, 14:01 Uhr

Hallo, ich ziehe bald nach Deutschland, aber über das Schulsystem weiß ich nicht viel. Welche Schulen gibt es? Welchen Schulabschluss macht ihr? Was macht ihr nach der Schule? Erzählt mal!

b Lest die Antworten von Schülern aus Deutschland. Auf welche Schulen gehen Maxi, Toto und Benny? Welche Abschlüsse wollen sie machen? Was wollen sie nach der Schule machen?

maxi 12. Mai, 17:31 Uhr

Das Schulsystem ist in Deutschland nicht einheitlich, aber in allen Bundesländern kann man die gleichen Abschlüsse machen. Bei mir ist es so:
Ich bin mit sechs Jahren in die Grundschule gekommen. Die Grundschule dauert fast überall in Deutschland vier Jahre. Jetzt bin ich auf der Realschule. Ich gehe in die 10. Klasse und mache im Sommer die Mittlere Reife. Wenn meine Noten ausreichen, darf ich danach auf das Gymnasium wechseln. Oder ich mache eine Ausbildung zur Fachinformatikerin.

Toto 12. Mai, 21:05 Uhr

Nach der Grundschule habe ich eine Empfehlung für die Hauptschule bekommen, weil meine Noten nicht so gut waren. Aber dann sind wir umgezogen und nun gehe ich auf die Gesamtschule, denn hier im Saarland gibt es keine Hauptschulen. Auf der Gesamtschule kann man alle Schulabschlüsse machen. Den Hauptschulabschluss habe ich letztes Jahr gemacht. Dieses Jahr versuche ich, den Realschulabschluss zu schaffen. Dann habe ich die Mittlere Reife. Danach will ich voraussichtlich eine Lehre als Mechaniker machen. Das heißt, dass ich an drei Tagen als Lehrling in einer Firma arbeite und zwei Tage zur Berufsschule gehe.

Benny 13. Mai, 11:55 Uhr

Ich hatte in der Grundschule sehr gute Noten und konnte danach auf das Gymnasium gehen. Jetzt bin ich in der 12. Klasse und mache nächstes Jahr das Abitur. Mit dem Abitur kann man an einer Universität oder Fachhochschule studieren. Oder man macht eine Ausbildung. Ich möchte gern Medizin studieren oder Anwalt werden. Gute Noten sind dafür eine Voraussetzung.

c Seht die Abbildung an und ergänzt die Lücken. Die Forumstexte in 2b helfen.

Tipp! Die Hauptschule heißt in einigen Bundesländern Mittelschule. In wenigen Bundesländern geht die Grundschule bis zur 6. Klasse.

✦ Grundschule ✦ Gesamtschule ✦ Abitur ✦ Universität ✦ Mittlere Reife ✦ 5.–10. Klasse ✦

		Bachelor / Master / Diplom **F** ___ / **(Fach-)Hochschule**	
Berufsausbildung: Berufsschule und praktische Ausbildung		Abitur Mittlere Reife Hauptschulabschluss	
Hauptschulabschluss **Hauptschule** (5.–9./10. Klasse)	**B** ___ **Realschule** **C** ___	**D** ___ (5.– max. 13. Klasse)	**E** ___ **Gymnasium** (5.–12./13. Klasse)
A ___ (1.–4. Klasse)			

d Ein Schüler aus Deutschland zieht bald in euer Land und stellt die gleichen Fragen wie Amy. Schreibt einen Forumsbeitrag wie in 2b und beantwortet die Fragen.

3 a Sprachen in der Schule – Lest die Fragen. Was könnten die richtigen Antworten sein? Vermutet und sprecht in der Klasse.

1. Welche Fremdsprache lernen die meisten Schülerinnen und Schüler in Deutschland zuerst?
2. Wann lernt man in Deutschland die erste Fremdsprache, wann die zweite?
3. Welche Fremdsprachen sind besonders beliebt?
4. Welche Sprache wollen in Zukunft wahrscheinlich mehr Schülerinnen und Schüler lernen?
5. Was ist wichtig bei der Wahl der Fremdsprache?

Ich glaube, man lernt in Deutschland zuerst …

Ja, bestimmt.

Das Thema der Radiosendung hilft euch, Ideen zum Inhalt zu sammeln. So wird das Verstehen leichter.

2.02

b Hört nun die Radiosendung zum Thema „Sprachen in der Schule“. Was antwortet Herr Schlüter auf die Fragen in 3a? Macht Notizen und vergleicht mit euren Antworten.

c Hört die Sätze aus der Radiosendung. *Innerhalb* oder *außerhalb*? Was hört ihr? Notiert.

1. ___ des Klassenraums haben die meisten aber wenig Kontakt zur chinesischen Sprache.
2. Deshalb ist es wichtig, dass man die Sprache auch ___ der Schule benutzen kann.
3. Sie sollten die Sprache nicht nur ___ des Klassenraums sprechen.
4. Heutzutage werden ___ einer Klasse viele verschiedene Muttersprachen gesprochen.

G

***innerhalb*, *außerhalb* + Genitiv**

innerhalb des Klassenraums

innerhalb eines Bundeslandes

außerhalb der Schule

außerhalb der Klassenräume

! außerhalb Deutschlands/Belgiens

d Lest und ergänzt die Tipps. *Innerhalb* oder *außerhalb*? Notiert. Hört dann die Radiosendung weiter und kontrolliert eure Lösung.

1. innerhalb der Unterrichtszeit

1. Man sollte ___ (die Unterrichtszeit) so viel wie möglich mit den anderen in der Fremdsprache sprechen.
2. Auch ___ (der Unterricht) sollte man möglichst oft in der Fremdsprache lesen, Lieder hören oder Filme schauen.
3. ___ (ein Tag) sollte man nicht mehr als 10 bis 15 neue Wörter lernen.
4. Wenn man die Möglichkeit hat, sollte man ___ (die Schulzeit) eine Sprachreise oder Urlaub in dem Land machen.

Innerhalb und *außerhalb* können einen Ort (*außerhalb der Schule*) und einen Zeitraum (*innerhalb eines Tages*) beschreiben.

4 a Sag mal … schwaches *e* – Hört und sprecht nach.

die Schule – die Reise – die Schulnote – die Klasse – die Fremdsprache – die Mittlere Reife – notieren – beginnen – schauen – hören – gekommen – eine – welche – lange

b Wo spricht man ein schwaches *e*? Sprecht zu zweit. Hört dann zur Kontrolle und sprecht nach.

1. Ich mache die Mittlere Reife. 2. Welche Sprache lernen Silke und Helene? 3. Ich habe eine schlechte Note in Mathe. 4. In welcher Klasse beginnt man mit einer Fremdsprache? 5. Ich habe meine Hefte heute nicht benutzt. 6. Hat dir die lange Reise gefallen?

Im Notenstress

5 a Seht das Foto an. Was ist mit Ole los? Vermutet.

Ich glaube, Ole hat …

Vielleicht muss er …

b Hört das Gespräch von Ole und Florian und beantwortet die Fragen. (2.07)

1. Was ist Oles Problem?
2. Welche Note hatte Ole im Zeugnis und welche Note braucht er in der Klassenarbeit?
3. Was sagen die Eltern?
4. Warum hat er Angst?
5. Was will Florian machen?

Ole hat schlechte Noten in …

c Vergleicht die Noten in Deutschland mit den Noten bei euch. Muss man in eurem Land die Klasse wiederholen, wenn man sehr schlechte Noten hat?

Bei uns ist … eine gute Note.

Wenn man … im Zeugnis hat, …

Wir haben keine … wie in Deutschland.

Noten in Deutschland:
1 = sehr gut
2 = gut
3 = befriedigend
4 = ausreichend
5 = mangelhaft
6 = ungenügend

6 a Erfolgreich lernen – Lest den Artikel. Welche Überschrift passt zu welchem Tipp (1 bis 5)? Ordnet zu.

✦ A In der Zeit vor der Klassenarbeit ✦ B Während der Klassenarbeit ✦ C Während des Lernens ✦ D In den Pausen ✦ E Vor dem Lernen ✦

Keine Angst vor schlechten Schulnoten

Schule bedeutet immer wieder neue Herausforderungen und auch Stress und Druck, vor allem wenn der nächste Test, eine Klassenarbeit oder ein Referat anstehen. Geht es euch auch so? Diese Tipps können euch helfen, mit dem Schulstress bei einer Klassenarbeit richtig umzugehen:

1. Beginnt rechtzeitig mit der Vorbereitung, am besten ein oder zwei Wochen vor dem Termin. Informiert euch genau über die Themen und macht einen Zeitplan. Schreibt auf, was ihr wann lernen wollt, und lernt regelmäßig. Dann wird es nicht zu viel. Wartet auf jeden Fall nicht bis zum letzten Tag und plant während der Vorbereitungszeit kein anstrengendes Freizeitprogramm. So könnt ihr doppelten Stress vor einer Klassenarbeit vermeiden.

2. Die meisten Schülerinnen und Schüler können abends am besten lernen. Am Nachmittag nach der Schule braucht man zuerst ein bisschen Entspannung. Erholung ist gut, weil sie später eure Konzentration fördert. Es ist wichtig, dass ihr nicht erschöpft seid, wenn ihr lernen wollt. Ausgeruht und wach könnt ihr euch Dinge besser merken. Wann, wo und wie man am besten lernt, das ist individuell unterschiedlich und bei jedem anders.

3. Wenn ihr lernt, dann konzentriert euch in dieser Zeit voll auf das Thema. Comics, Essen auf dem Schreibtisch, Musik etc. stören euch. Bemüht euch, einen ruhigen Arbeitsplatz zu finden. Achtet auch auf helles Licht und frische Luft.

4. Pausen sind beim Lernen übrigens auch sehr wichtig. Spätestens nach 90 Minuten Lernzeit solltet ihr eine Pause machen und euch erholen. Während der Pause gibt es viele Möglichkeiten: Geht raus und macht einen Spaziergang an der frischen Luft, faulenzt ein bisschen, hört Musik oder macht Sport.

5. Es ist so weit. Der Tag der Klassenarbeit ist da. Jetzt bitte keine Panik. Wenn ihr Angst habt, könnt ihr euch nicht gut konzentrieren. Lest zuerst alle Aufgaben in Ruhe durch. Macht dann die Aufgaben, die leicht für euch sind. Danach versucht ihr, die schwierigen Aufgaben zu lösen. Lest und kontrolliert am Ende der Klassenarbeit noch einmal eure Antworten.

b Wann sollte man was tun? Lest den Text noch einmal. Arbeitet zu zweit. Sammelt und formuliert Tipps für die verschiedenen Phasen.

1. Während der Vorbereitung … 2. Während des Lernens …
3. Während der Pausen … 4. Während der Klassenarbeit …

Während der Vorbereitung sollte man regelmäßig lernen.

Während dieser Zeit …

G

***während* + Genitiv**
während des Tests / des Referats / der Schulzeit / der freien Tage

Während der Schulzeit hat man immer wieder Stress, zum Beispiel vor Klassenarbeiten.

c Wie findet ihr die Lerntipps aus dem Artikel in 6a? Was hilft euch beim Lernen? Habt ihr selbst einen guten Tipp für Ole? Sprecht in Gruppen.

Ich denke, dass manche Tipps …

Vielleicht sollte Ole …

7 a Lust, aber keine Zeit – Lest den Chat zwischen Ole und Florian und beantwortet die Fragen 1 bis 4. Sprecht zu zweit.

1. Was plant Ole an seinem Geburtstag?
2. Wie findet Florian Oles Pläne?
3. Was schlägt Florian vor?
4. Wie reagiert Ole auf den Vorschlag?

b Eine Party für Ole – Hört das Gespräch. Macht Notizen und beantwortet die Fragen.

1. Wann? am nächsten Freitag
2. Wo?
3. Wer kommt?
4. Essen und Getränke?
5. Geschenk?

c Genug gelernt, jetzt feiern wir! – Plant zu zweit eine Klassenparty. Reagiert auf die Vorschläge eures Partners / eurer Partnerin und entscheidet gemeinsam, was ihr machen möchtet.

Wann? – Wo? – Wen noch einladen (Eltern, Lehrer…)? – Essen, Getränke (mitbringen, kaufen, …)? – Programm (Musik, …)? – …

Gemeinsam etwas planen

etwas vorschlagen	reagieren / einen Gegenvorschlag machen		sich einigen
Wollen wir …?	Das geht nicht. / Ich kann nicht.	Wir könnten auch …	Meinetwegen.
Wir brauchen …	(Ich habe) keine Zeit/Lust.	Wenn du willst,	Einverstanden.
Wir könnten …	Besser nicht.	können wir auch …	Von mir aus.
Ich schlage vor, dass …	Verstehe.	Wir fragen …, ob …	Gute Idee! / Guter Einfall!
	Stimmt.		So machen wir es.
	Nein, das ist doch zu teuer/…		Du hast recht.

Schule und dann???

8

a Entscheidet euch für eine Grafik. Welche Frage passt zu eurer Grafik? Ordnet zu.

Prozentzahlen sprechen:
24,67 % =
24 Komma sechs sieben Prozent

Tipp!

✦ Was ist dir bei der Entscheidung für einen Beruf am wichtigsten? ✦
Was möchtest du nach der Schule machen? ✦

A

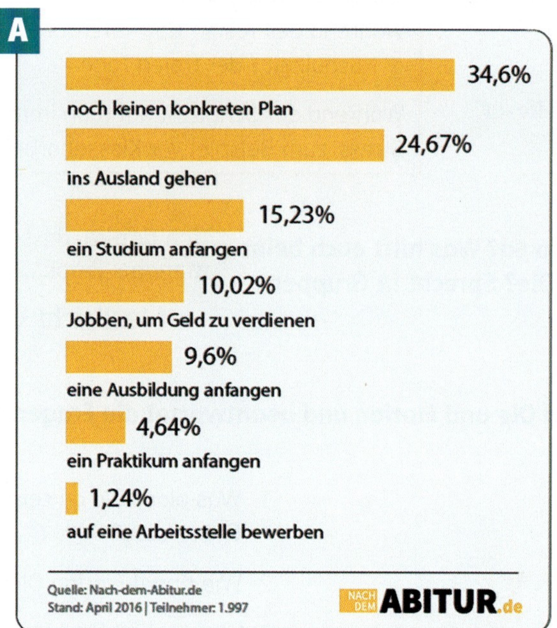

B

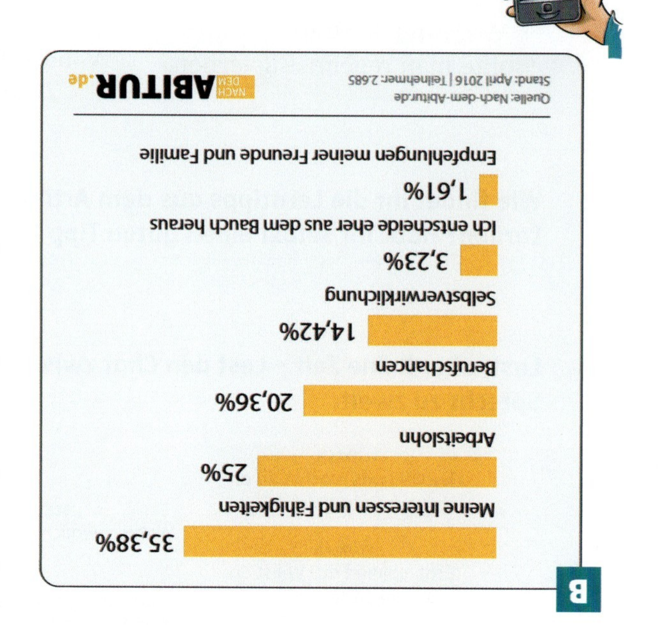

b Arbeitet zu zweit. Jeder beschreibt seine Grafik. Macht zuerst Notizen.

Über eine Grafik sprechen
Das Thema der Grafik ist … / In der Grafik geht es um die Frage, …
An erster Stelle steht … / Am wichtigsten ist …
Viele / Die meisten / Nur manche / Sehr wenige Jugendliche …
Die Mehrheit / Die Hälfte / Ein Drittel / Ein Viertel sagt, dass …
… Prozent der Jugendlichen finden/sagen, dass …

In Grafik A geht es um die Frage, was …

24,67 Prozent der Jugendlichen sagen, dass sie …

c Erstellt in der Klasse eine eigene Statistik zu der Frage aus Grafik A. Vergleicht eure Ergebnisse mit denen in der Grafik. Was ist anders, was ist gleich?

9

a Hört die Radiosendung. Welche Pläne haben die Jugendlichen, was ist wichtig für sie? Ordnet zu.

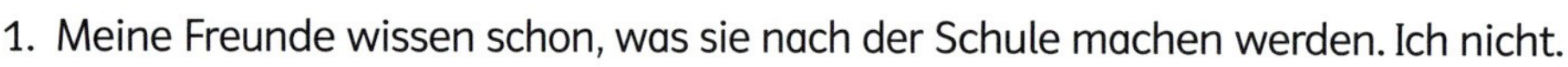

1. Meine Freunde wissen schon, was sie nach der Schule machen werden. Ich nicht.
2. Nach der Schule möchte ich zuerst Praktika machen und Erfahrungen sammeln.
3. Bestimmt werde ich erst mal Pause machen und jobben und verreisen.
4. Meine Freundin und ich werden nach Frankreich gehen und als Au-pair arbeiten.
5. Ich weiß schon lange, dass ich Medizin studieren und später als Arzt arbeiten werde.
6. Ich will kein Studium anfangen, sondern einen Beruf erlernen.
7. Falls ich nicht gleich studieren kann, mache ich erst ein Praktikum.
8. Ich will auf jeden Fall nur in einem Job arbeiten, der mir wirklich Spaß macht, und werde mich vor der Ausbildung sehr gut informieren.
9. Das Einkommen ist wichtig für mich, ich will viel Geld verdienen.

Aussage 1 passt zu Mariella.

b **Lest die Aussagen in 9a noch einmal, sucht die Formen im Futur I und ergänzt den Grammatikkasten.**

G

Futur I

ich			
du	wirst		
er/es/sie	wird	+	Verb im
wir			
ihr	werdet		
sie/Sie			

Du wirst eine Ausbildung machen.

Ihr habt gesagt, dass ihr reisen werdet.

Wenn man über die Zukunft spricht, kann man auch das Präsens mit Zeitangaben in der Zukunft verwenden:

Nach der Schule machst du eine Ausbildung.

Ihr habt gesagt, dass ihr nach dem Abitur reist.

c **Sprecht über die Pläne der vier Jugendlichen.**

Mariella und ihre beste Freundin werden…

Moritz erzählt, dass …

Natalie wird …

d **Wie drückt man in eurer Sprache aus, dass etwas in der Zukunft passiert?**

R7

e **Geht durch die Klasse. Fragt euch gegenseitig und äußert Vermutungen.**

Wie wird das Wetter am Wochenende?

Es wird wahrscheinlich regnen.

Was macht David nächste Woche an seinem Geburtstag?

Er feiert sicher eine Party.

Vermutungen äußern
Ich glaube/denke …
Es wird wahrscheinlich/vielleicht/wohl/sicher/eventuell regnen.
Es regnet morgen wohl/sicher/…
Vielleicht/Wahrscheinlich …

f **Eure Pläne und Ideen für die Zeit nach der Schule – Schreibt einen kurzen Text. Verwendet auch das Futur I.**

Ich mag Fremdsprachen, deshalb will ich nach der Schule zuerst …
Vielleicht werde ich auch … Danach …

10 Freie Wahl – A, B oder C?

A Recherchiert im Internet und sucht Witze zum Thema Schule auf Deutsch. Übt sie und erzählt sie dann in der Klasse.

B Die Schule der Zukunft – Wie wird sich die Schule in der Zukunft verändern (Fächer, Medien, Noten, …)? Was denkt ihr? Überlegt zu zweit und schreibt einen kurzen Text.

Wir werden mehr Fremdsprachen lernen, weil …

C Ihr kennt bereits sehr viele Wörter zum Thema Schule. Erstellt eine Mindmap und ordnet euren Wortschatz nach Kategorien, zum Beispiel Fächer, Räume, Personen, Dinge … Notiert alle Nomen mit Artikel.

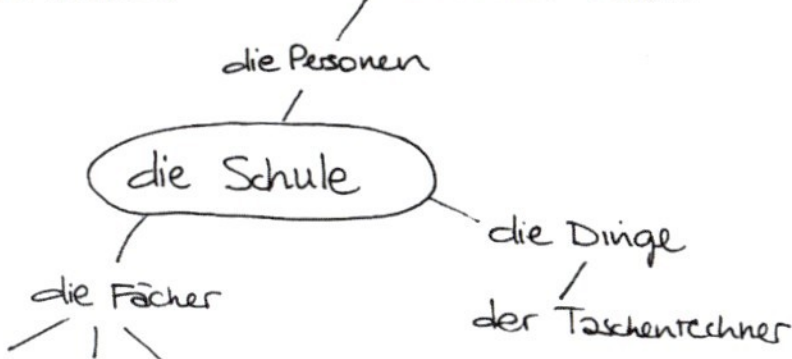

Was kann ich nach Kapitel 7?

Wortschatz / Redemittel

Schulsystem, Abschlüsse
die Grundschule, die Hauptschule / die Mittelschule, die Realschule, das Gymnasium, die Gesamtschule, die Berufsschule, die Ausbildung, die Universität, die (Fach-) Hochschule, der Hauptschulabschluss, die Mittlere Reife, das Abitur

Wie heißen die Schulen und Abschlüsse?
Ge _ a _ _ s _ _ _ l_ M _ _ _ l _ _ e R _ _ _ e
G _ _ n _ _ _ _ m A _ i _ _ r
B _ _ _ fs _ _ _ u _ _

Gemeinsam etwas planen
● Wir brauchen … / Ich schlage vor, dass …
△ Das geht nicht. / (Ich habe) keine Zeit/Lust. / Besser nicht. Verstehe. / Stimmt.
● Wenn du willst, können wir auch …
△ Einverstanden. / Meinetwegen. / Von mir aus. / Gute Idee! / Guter Einfall! / Du hast recht. / So machen wir es.

Reagiert auf die Vorschläge.

Ich schlage vor, dass wir ins Kino gehen.

Wir brauchen Essen und Getränke.

Wenn du willst, können wir auch Marc und Lisa einladen.

Eine Grafik beschreiben
Das Thema der Grafik ist … / In der Grafik geht es um die Frage, …
An erster Stelle steht …/ Am wichtigsten ist …
Viele / Die meisten / Nur manche / Sehr wenige Jugendliche …
Die Mehrheit / Die Hälfte / Ein Drittel / Ein Viertel sagt, dass …
… Prozent der Jugendlichen finden/sagen, dass …

Formuliert drei Sätze zur Grafik.

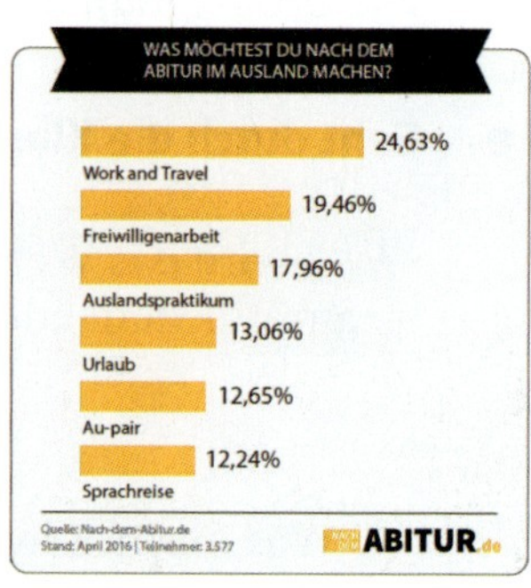

Vermutungen äußern
Ich glaube/denke …
Es wird wahrscheinlich/vielleicht/wohl/sicher/eventuell regnen.
Es regnet morgen wohl/sicher/….
Vielleicht/Wahrscheinlich …

Was passiert nächste Woche vielleicht? Äußert Vermutungen.

✦ Test schreiben ✦ Herr Timm wieder da sein ✦ keinen Sport haben ✦ … ✦

Nächste Woche werden wir wohl …

Grammatik

***innerhalb*, *außerhalb*, *während* + Genitiv**
innerhalb eines Tages
außerhalb des Gymnasiums
während der Schulzeit
während der Ferien

Welche Präposition passt? Wählt aus.
1. Wir haben innerhalb/außerhalb einer Woche vier Tests geschrieben.
2. Wir dürfen außerhalb/während des Unterrichts nur Französisch sprechen.
3. Auch außerhalb/innerhalb der Schule spreche ich viel Spanisch mit meiner Familie.

Futur I

Du wirst eine Ausbildung machen.

Ihr habt gesagt, dass ihr reisen werdet.

Formuliert die Sätze im Futur I.
1. Wir gehen bald auf die Berufsschule.
2. Er macht nächstes Jahr das Abitur.
3. Sie haben gesagt, dass sie nach der Schule ins Ausland gehen.

Das ist Geschichte 8

A Als erste Frau wurde Angela Merkel **2005** deutsche Bundeskanzlerin und blieb 16 Jahre lang an der Spitze der Regierung. Sitz der deutschen Regierung ist Berlin.

B **2010** gewann die damals 19-jährige Lena Meyer-Landrut den Eurovision Song Contest (ESC) mit dem Lied „Satellite". Die Zuschauerinnen und Zuschauer waren begeistert von ihr.

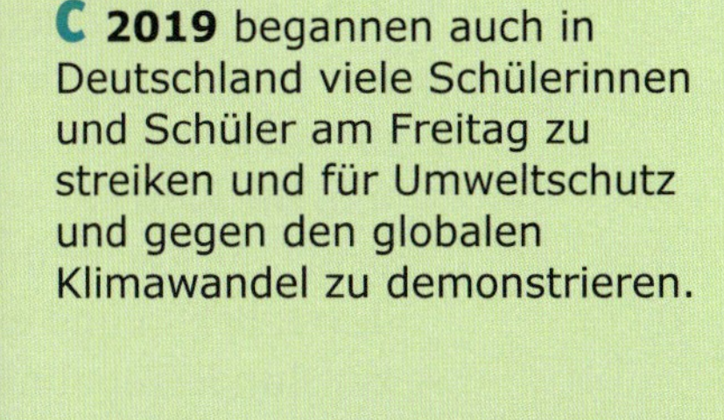

C **2019** begannen auch in Deutschland viele Schülerinnen und Schüler am Freitag zu streiken und für Umweltschutz und gegen den globalen Klimawandel zu demonstrieren.

D Im Jahr **2006** fand die Fußballweltmeisterschaft in Deutschland statt. Die deutsche Mannschaft schaffte es nur auf den dritten Platz, aber die Fans feierten das Team als „Weltmeister der Herzen". **2014** wurde Deutschland dann Weltmeister.

E **2015** kamen über eine Million Flüchtlinge nach Deutschland und wollten Asyl beantragen. Das war eine große Herausforderung. Viele Leute versuchten zu helfen und spendeten Kleidung oder gaben Sprachunterricht.

1

a **Arbeitet in Gruppen. Seht die Fotos an und beschreibt sie.**

b **Lest die Texte. Welcher Text passt zu welchem Foto? Ordnet zu.**

c **Von welchem Ereignis habt ihr schon gehört? Was war neu für euch? Sprecht zu zweit.**

d **Was ist im Jahr eurer Geburt passiert? Recherchiert ein Ereignis und stellt es kurz vor.**

Das lernen wir: über Orte sprechen | über Vergangenes sprechen | zeitliche Abfolgen beschreiben | eine Geschichte erzählen | **Grammatik:** (WH) Präteritum | Relativsätze mit *wo* und *was* | Plusquamperfekt | Nebensatz mit *nachdem, bevor* und *während* | **Aussprache:** mit Nachdruck sprechen

Berlin, Berlin

2 **a** **Was wisst ihr über Berlin? Sammelt in der Klasse.**

Berlin ist die Hauptstadt von Deutschland.

b **Lest den Text. Welche Textstelle passt zu welchem Foto? Ordnet zu. Was erfahrt ihr noch?**

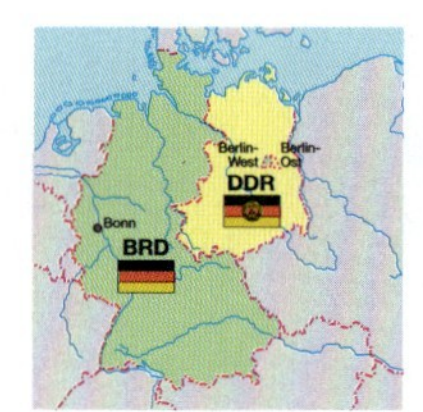

1949

1961

September 1989

November 1990

Nach dem Zweiten Weltkrieg gab es zwei Teile von Deutschland: Die Bundesrepublik Deutschland im Westen und die DDR (Deutsche Demokratische Republik) im Osten. Auch Berlin war geteilt: Ein Teil gehörte zur Bundesrepublik, der andere Teil zur DDR. Die DDR war aber nicht demokratisch, die Menschen durften ihre Meinung nicht offen sagen oder die Regierung kritisieren und auch nicht frei wählen. Immer mehr Menschen verließen die DDR, weil sie lieber im Westen leben wollten. Die Zahl der Einwohner nahm ab, deshalb baute die Regierung der DDR eine Mauer durch Berlin und eine Grenze zur Bundesrepublik. Die DDR bewachte diese Grenze sehr stark. Viele Menschen, die in den Westen flüchten wollten, starben dort auf der Flucht. Im September 1989 begannen die Menschen in der DDR, für mehr Freiheit zu demonstrieren. Jede Woche gab es mehr Demonstrationen mit immer mehr Menschen. Sie gaben nicht auf und am 9. November 1989 fiel die Mauer. Ein Jahr später, am 3. Oktober 1990, feierten die beiden deutschen Staaten die Wiedervereinigung. Seit diesem Tag gibt es wieder ein Land, die Bundesrepublik Deutschland. Und der 3. Oktober ist jetzt der Nationalfeiertag.

WH G

Das wisst ihr schon!

Präteritum: regelmäßige Verben
bauen: ich bau**te**, du bau**test**, er/es/sie bau**te**, wir bau**ten**, ihr bau**tet**, sie/Sie bau**ten**

Präteritum: unregelmäßige Verben
beginnen: ich begann, du begann**st**, er/es/sie begann, wir begann**en**, ihr begann**t**, sie/Sie begann**en**

geben – er/es/sie gab
verlassen – er/es/sie verließ
sterben – er/es/sie starb
fallen – er/es/sie fiel

3 **a** **Die Klasse 9b ist auf Klassenfahrt in Berlin und macht eine Stadtrundfahrt. In welcher Reihenfolge spricht der Reiseführer über die Orte? Hört und notiert.**

2.10

A der Potsdamer Platz

B der Alexanderplatz

C der Reichstag

D die East Side Gallery

E das Brandenburger Tor

F der Ku'damm

b **Hört noch einmal. Was passt zusammen? Ordnet zu.**

1. Die Tour beginnt am Potsdamer Platz,
2. Dann fährt der Bus zum Reichstag,
3. Der nächste Stopp ist am Pariser Platz,
4. Dann kommt der Alexanderplatz,
5. Der Bus fährt danach zur East Side Gallery,
6. Die Klasse fährt dann zum Ku'damm,

A wo man noch die Mauer sehen kann.
B wo das Brandenburger Tor steht.
C wo es viele moderne Gebäude gibt.
D wo man die Gedächtniskirche sieht.
E wo das Parlament sitzt.
F wo man vom Fernsehturm die Aussicht über Berlin genießen kann.

c **Was können Touristen in eurer Stadt besichtigen? Welche Orte gefallen euch besonders gut? Sprecht zuerst und schreibt dann fünf Relativsätze mit *wo*.**

Es gibt ein Denkmal, wo ...
Im Zentrum ist ein Museum, wo ...
Touristen müssen den Turm sehen, wo ...
Besonders schön ist die Altstadt, wo ...
Ich mag besonders ..., wo ...

G

Relativsatz mit *wo*

Wenn man über Orte spricht, kann man das Relativpronomen *wo* verwenden.

Berlin (ist) eine Stadt, **wo** man viel (erleben) (kann).

4 **a** **Was? Wo? – Lest den Grammatikkasten und die Kommentare der Jugendlichen. Was passt? Das Relativpronomen *was* oder *wo*? Ergänzt.**

G

Relativsatz mit *was*

Nach den Wörtern *alles, etwas, nichts* verwendet man das Relativpronomen *was*.

Mir (hat) alles (gefallen), **was** ich (gesehen) (habe).

Ich fand Berlin toll. Berlin ist eine richtige Metropole. Alles, ___ wir dort gesehen haben, war interessant. Sogar das Historische Museum ☺

Manche Stadtviertel, ___ wir waren, haben mir nicht gefallen.

Ich glaube, in jeder Stadt gibt es etwas, ___ man nicht mag.

Ich fand die Klassenfahrt stressig. Ich glaube, es gibt in Berlin nichts, ___ wir nicht besichtigen mussten. Voll anstrengend.

Am besten war es auf dem Ku'damm, ___ es viele coole Geschäfte gibt.

b **Sprecht zu zweit und ergänzt die Sätze.**

1. ___ ist etwas, was mich (nicht) interessiert.
2. ___ ist ein Ort, wo ich mich wohlfühle.
3. Unsere Schule ist ein Ort, wo ___.
4. ___ ist etwas, was ich gelernt habe.

Geschichte ist etwas, was mich interessiert.

Meine Geschichte(n) ...

5 a Eine Zeitschrift hat ihre Leserinnen und Leser gebeten, zum Thema „Meine Geschichte" eigene Fotos und Geschichten zu senden. Arbeitet zu viert und lest zuerst die Begriffe. Jeder erklärt drei Begriffe. Das Wörterbuch hilft. Lest dann die Geschichten und ordnet die Begriffe zu.

✦ der Umweltschutz ✦ die Selbstständigkeit ✦ die Einsamkeit ✦ der Ehrgeiz ✦ die Laufbahn ✦ die Verantwortung ✦ das Vorbild ✦ die Partnerschaft ✦ der Protest ✦ die Erfindung ✦ die Reiselust ✦ die Neugierde ✦

Auf dem Foto bin ich 18 Jahre alt, also gerade erwachsen geworden. Ein paar Tage vorher hatte ich meinen Führerschein bekommen und ich hatte einen Plan: Ich wollte allein in meinem alten Bus eine große Tour durch Österreich und alle Nachbarländer machen. Nach meinem Geburtstag am 27.06.2014 bin ich losgefahren. Zuerst fand ich es toll, allein zu fahren. Ich konnte laut Musik hören und alles selbst entscheiden. Aber in Slowenien hatte ich keine Lust mehr. Vorher war ich schon in die Schweiz, nach Liechtenstein und nach Italien gefahren. Aber überall war ich allein, ich bin ziemlich schüchtern und lerne nicht so schnell Leute kennen. Und allein war es viel langweiliger, als ich vorher gedacht hatte. Also habe ich nach fünf Tagen meine Pläne geändert und bin wieder nach Hause gefahren. Das war eine Enttäuschung. Jetzt plane ich meine großen und kleinen Abenteuer viel besser, bevor ich mit Freunden oder Bekannten losfahre. (Johann Mosmayer, Landeck)

Damals gab es für mich nur ein Thema: Tennis, Tennis, Tennis. Meine Eltern hatten sich gerade getrennt und für mich waren die Trennung und die Scheidung sehr schwierig. Deshalb habe ich mich nur noch um meinen Sport gekümmert. Ich war ein großer Fan von Angelique Kerber. Ich glaube, 2011 habe ich sie das erste Mal im Fernsehen gesehen. Das war ein Halbfinale und ich fand es super spannend. Danach wollte ich so gut spielen wie sie und ging an vier Tagen in der Woche zum Training. Ich habe mich wirklich angestrengt und mir viel Mühe gegeben. Vorher hatte ich auch regelmäßig trainiert, aber nicht so oft. Ich habe auch immer mehr Turniere gespielt und hatte viele Erfolge. Aber dann bin ich gestürzt und hatte eine schlimme Verletzung. Danach durfte ich nicht mehr so intensiv Tennis spielen. Das war leider das Ende meiner Tennis-Karriere. Aber sonst habe ich sehr gute Erinnerungen an diese Zeit. Heute bin ich für die Jugendarbeit in meinem Verein verantwortlich und trainiere dort auch regelmäßig die jungen Nachwuchs-Talente. (Carin Kamp, Aachen)

Das Foto ist von einer Demonstration gegen Atomkraft. Das war im März 2011. Vorher hatten sich die Katastrophen in Japan ereignet und ich hatte die schrecklichen Berichte von Fukushima im Fernsehen gesehen. Was dort geschehen war, fand ich furchtbar. Das war ein Schock. Ich war der Meinung, dass man etwas tun muss, deshalb bin ich zu vielen Demonstrationen gegangen und habe gegen Atomkraft protestiert. Heute studiere ich Biologie. Ich bin beinahe fertig mit dem Studium und arbeite nebenbei bei einer Umwelt-Organisation. Und ich unterstütze die Kinder und Jugendlichen bei „Fridays for future" in ihrem Kampf gegen Umweltverschmutzung. Die Politik muss endlich mehr machen. Wir haben nur eine Welt. (Gina Paulsen, Rostock)

Das ist mein Foto aus dem Jahr 2012. Ich, gerade mal 15, und mein erster Laptop. Vorher hatte ich ab und zu am PC von meinem Vater gesurft. Aber jetzt konnte ich immer und überall ins Internet. Ich entdeckte jeden Tag etwas Neues im Netz und wollte so viel wissen. Damals wohnten wir in Berlin, einer tollen Stadt. Aber ich saß immer vor dem Bildschirm und lebte monatelang nur in meiner Internet-Welt. Doch mit 16 veränderte sich viel. Ich war verliebt. Das erste Mal traf ich Nora im August 2013. Zwei Wochen vorher hatte ich sie beim Chatten kennengelernt. Und sie kam aus ... Berlin! Im Augenblick studieren Nora und ich im vierten Semester Informatik in Genf. Und nächstes Jahr wollen wir hier heiraten. In Genf hat man 1989 auch das Internet entwickelt. Das passt doch ideal zu uns, oder? (Jan Heuer, Genf)

b **Jeder wählt eine Person und liest den Artikel noch einmal. Berichtet euch gegenseitig: Was haben die Personen damals gemacht? Was machen sie heute? Die anderen machen Notizen: Wann? Wo? Was?**

Gina Paulsen war 2011 auf einer …

6 a **Damals und heute – Die Zeiten. Lest und ergänzt die Sätze. Die Texte in 5a helfen.**

G

Vergangenheit			
	Perfekt	Nach meinem Geburtstag **bin** ich ___.	Nach fünf Tagen ___ ich meine Pläne ___.
	und Präteritum	Ich **wollte** allein eine große Tour **machen**.	Ich ___ keine Lust mehr.
Vorvergangenheit	**Plusquamperfekt**	Vorher ___ ich meinen Führerschein ___.	Vorher ___ ich in die Schweiz **gefahren**.

b **Sammelt an der Tafel weitere Sätze im Plusquamperfekt aus den Texten und ergänzt die Regel.**

G

Plusquamperfekt

Das Plusquamperfekt benutzt man, wenn man über etwas aus der Vergangenheit berichtet, das vor einem anderen Ereignis in der Vergangenheit liegt.

So bildet man das Plusquamperfekt:
haben/sein im ___ + ___ II
(hatte gekauft, war gelaufen, …)

c **Spielt zu viert. Schreibt Aussagesätze im Präteritum auf Karten. A zieht eine Karte und liest vor, B ergänzt im Plusquamperfekt, was vorher passiert ist. Dann zieht B eine neue Karte.**

Wir kamen zu spät zur Schule.

Wir kamen zu spät zur Schule.

Wir hatten den Bus verpasst.

Tipp! Eigene Beispiele helfen, sich neue Strukturen zu merken.

d **Vergangenheitsformen in euren Sprachen – Wie viele und welche Formen gibt es? Sammelt und sprecht in der Klasse.**

e **Und eure Geschichte(n)? Bringt ein Foto mit und schreibt einen Text wie in 5a. Was ist damals passiert? Was habt ihr mit 11, 12, 13 … Jahren erlebt?**

Geschichten erzählen

7 a Wie war's in Berlin? – Seht zuerst die beiden Comics an. Ergänzt die Satzanfänge 1 bis 6 und ordnet die Sätze den Bildern zu.

1. Bevor ich zur Party gegangen bin, …
2. Juan und ich haben uns lange angesehen, …
3. Während der Friseur mit mir geredet hat, …
4. Nachdem ich wieder kein Wort verstanden hatte, …
5. Ich hatte richtig gute Laune, …
6. Nachdem ich mich im Spiegel gesehen hatte, …

A habe ich meine Idee immer noch super gefunden.
B habe ich viele Outfits probiert.
C bevor ich beim Friseur war.
D während Marie mit mir gesprochen hat.
E war ich schockiert.
F fand ich die Situation total peinlich.

b Hört die Geschichten von Henri und Jenny und kontrolliert eure Lösungen.

c Was passt? Ergänzt die Sätze 1 bis 5 mit *nachdem*, *während* oder *bevor*. Der Kasten hilft.

G

Temporale Nebensätze mit *nachdem*, *während* und *bevor*

Ereignisse in Hauptsatz und Nebensatz nicht gleichzeitig:

Bevor ich die neue Frisur gesehen habe, war ich noch begeistert.
Nachdem ich die neue Frisur gesehen hatte, brauchte ich eine Mütze.

Nebensatz mit *nachdem* im Plusquamperfekt → Hauptsatz im Präteritum.

Nachdem ich lange geschlafen habe, fühle ich mich besser.

Nebensatz mit *nachdem* im Perfekt → Hauptsatz im Präsens.

Ereignisse in Hauptsatz und Nebensatz gleichzeitig:

Während ich beim Friseur gesessen habe, ist Kim in die Stadt gegangen.

1. Ich habe viele Outfits probiert, ___ ich mich für ein Kleid entschieden habe.
2. Ich habe Juan entdeckt, ___ ich mit Marie geredet habe.
3. Ich war sehr nervös, ___ ich Juan gesehen hatte.
4. ___ Marie weiter erzählt hat, habe ich spanische Sätze überlegt.
5. ___ ich Juan nicht verstanden hatte, wollte ich lieber gehen.

d **Arbeitet zu zweit. Wählt eine Geschichte aus 7a, hört noch einmal und notiert weitere Informationen zu eurer Geschichte. Erzählt dann einem anderen Paar eure Geschichte in eigenen Worten.**

> Die Klasse von Kim ist nach Berlin gefahren. Nachdem die Klasse an einem Nachmittag frei bekommen hatte, waren Kim und …

e **Lest die Satzanfänge und ergänzt. Sprecht abwechselnd zu zweit. Schreibt dann die Sätze ins Heft.**

1. Bevor ich mit meiner Familie einen Ausflug gemacht habe, …
2. Nachdem wir angekommen waren, …
3. Während wir am Meer waren, …
4. Nachdem es drei Tage nur geregnet hatte, …
5. Während wir in Berlin waren, …
6. Bevor wir wieder nach Hause gefahren sind, …

8

Eine Geschichte erzählen – Arbeitet in Gruppen. Wählt ein Thema und überlegt euch eine eigene Geschichte wie in 7a. Was ist passiert (*be*)*vor*, *während*, *nach* …? Macht auch Fotos zu eurer Geschichte und erzählt sie in der Klasse.

✦ auf der Klassenfahrt ✦ in den Ferien ✦ bei der Party ✦ in der Stadt ✦ im Schwimmbad ✦ beim Praktikum ✦ beim Sport ✦ … ✦

9

a **Sag mal … Mit Nachdruck sprechen – Hört und lest die Sätze. Welche Informationen sind besonders betont?**

1
- ● Hey, warst du beim Friseur?
- ○ Ja, aber da gehe ich nie wieder hin. Nie wieder!

2
- ● Wie war die Tour in Berlin?
- ○ Ich fand es interessant. Sogar sehr interessant.

3
- ● Was ist 2015 in Deutschland passiert?
- ○ 2015? Keine Ahnung. Wirklich nicht!

4
- ● 40 Jahre war Deutschland geteilt. 40 Jahre!
- ○ Das habe ich nicht gewusst.

b **Hört noch einmal und sprecht zu zweit nach. Achtet auf die Betonung.**

10

Freie Wahl – A, B oder C?

A Schreibt eine kurze Geschichte zum Thema „Ein Tag in meinem Leben". Was passiert wann? Schreibt Sätze mit *bevor*, *während* und *nachdem*.

> Bevor ich in die Schule gehe, …

B Wählt drei Ereignisse von Seite 77. Recherchiert noch zwei weitere Informationen zu diesen Ereignissen und berichtet in der Klasse.

C Orte, die euch gefallen – Wählt Orte aus eurer Stadt oder aus dem Urlaub aus. Erstellt eine Foto-Collage und beschreibt die Orte.

> Das ist der Platz, wo …

> Das ist das Haus, wo …

Was kann ich nach Kapitel 8?

Wortschatz / Redemittel

Über Orte sprechen
Es gibt einen Park, wo …
Im Zentrum ist ein Museum, wo …
Touristen müssen … sehen, wo …
Besonders schön ist die Altstadt, wo …

Über Vergangenes sprechen
Zuerst hat Kim ….
Dann ist sie zum Bus ….
Aber der Bus ist …, **bevor** Kim an der Haltestelle ….
Dann ist sie zu Fuß …
Während sie …, hat sie ihr Handy ….
Nachdem sie in der Schule angekommen war, gab es ….
Vorher war die erste Stunde …
Am Ende hat Kim … Marie hatte **davor** … gefunden.
Glück gehabt!

Sprecht über Städte, die ihr kennt.

Ich mag …, wo man … machen kann.

Erzählt eine Geschichte.

Grammatik

Relativsätze mit *wo* und *was*
Wenn man über Orte spricht, verwendet man das Relativpronomen *wo*.

Berlin ist eine Stadt, **wo** man viel erleben kann.

Nach den Wörtern *alles*, *etwas*, *nichts* verwendet man das Relativpronomen *was*.

Mir hat alles gefallen, **was** ich gesehen habe.

Plusquamperfekt
haben/*sein* im Präteritum + Partizip II:
Ich hatte gekauft, ich war gelaufen
Das Plusquamperfekt benutzt man, wenn man über etwas aus der Vergangenheit berichtet, das vor einem anderen Ereignis in der Vergangenheit liegt.

Temporale Nebensätze mit *nachdem*, *während* und *bevor*
Ereignisse im Hauptsatz und Nebensatz nicht gleichzeitig:

Bevor Jenny zur Party ging, probierte sie viele Outfits an.

Nachdem Henri die neue Frisur gesehen hatte, war er schockiert.

Sätze mit *nachdem* im Plusquamperfekt → Hauptsatz im Präteritum

Ereignisse im Hauptsatz und Nebensatz gleichzeitig:

Während Henri gewartet hat, hat er eine Cola getrunken.

Ergänzt *wo* oder *was*.
Wir wohnen in einem Dorf, ___ man nicht viel machen kann. Aber wir finden immer etwas, ___ Spaß macht. Es gibt zum Beispiel einen See, ___ man im Sommer schwimmen kann. Im Nachbarort gibt es ein Jugendzentrum. Alles, ___ man dort machen kann, ist kostenlos. Das ist super.

Was war vorher?

Sie hatte viel Sport …

1. Sie war sehr müde.
2. Er hatte großen Hunger.
3. Die Mädchen freuten sich.
4. Mia war traurig.
5. Jannik lief schnell nach Hause.

Ergänzt die Sätze.
1. Nachdem ich nach Hause gekommen war, …
2. Während ich die Hausaufgaben machte, …
3. Bevor ich in die Schule ging, …
4. Nachdem ich das Praktikum beendet hatte, …

Rund ums Geld 9

Ich möchte so gern ein neues Handy,
ein blaues, denn das ist richtig trendy.
Das rote T-Shirt aus dem Geschäft
wäre aber auch nicht schlecht.

Coole Sneaker, neues Spiel,
ich brauche noch so viel.
Aber wie soll ich das bezahlen? Keine Idee.
Vielleicht kommt ja bald eine gute Fee?

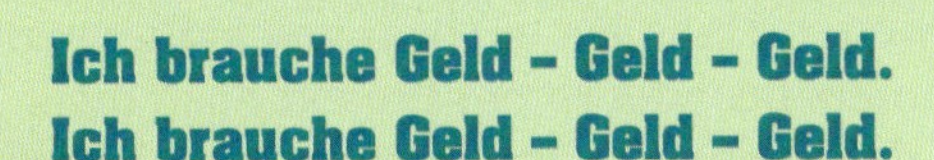

Ich brauche Geld – Geld – Geld.
Ich brauche Geld – Geld – Geld.

Mein Taschengeld ist nicht genug.
Das finde ich wirklich gar nicht gut.
Aber meine Eltern sagen:
„Man kann nun mal nicht alles haben".

„Du musst mehr sparen",
das höre ich jetzt seit Jahren.
„Such dir doch endlich einen Job",
Leute, das ist doch echt ein Flop.

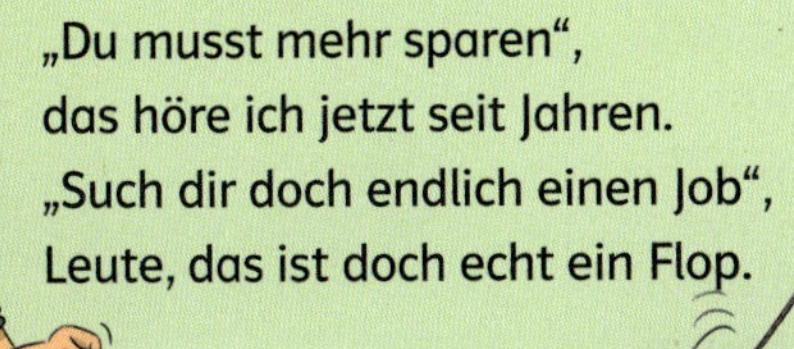

Ich brauche Geld – Geld – Geld.
Ich brauche Geld – Geld – Geld.

Aber ist das alles wirklich wahr?
Familie ist wichtig, das ist klar.
Und was brauch' ich denn im Leben noch?
Viel Spaß und Freunde reichen doch.

Ich treffe Freunde jeden Tag.
Das ist genau das, was ich mag.
Wir machen immer tolle Sachen
und können wirklich ganz viel lachen.

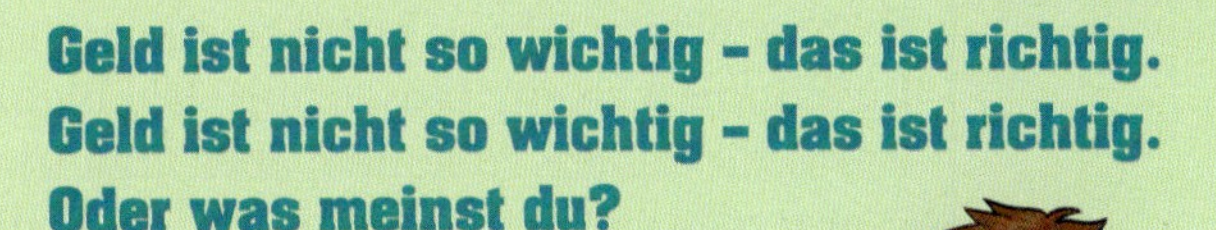

Geld ist nicht so wichtig – das ist richtig.
Geld ist nicht so wichtig – das ist richtig.
Oder was meinst du?

1  **a** **Hört und lest den Rap. Was sagt der Junge zuerst zum Thema „Geld"? Was ist am Ende seine Meinung?**

b **Freunde, Schule, Hobby, ... – Was ist für euch wichtig? Erstellt eine Hitliste für die fünf wichtigsten Dinge. Vergleicht dann in der Klasse.**

c **Bildet vier Gruppen. Jede Gruppe wählt und übt eine Strophe. Hört den Rap noch einmal und singt eure Strophen mit. Den Refrain singt ihr zusammen.**

Das lernen wir: Zeitungstexte verstehen | jemanden überzeugen | Vorgänge beschreiben | Alternativen nennen | etwas reklamieren | **Grammatik:** *nicht/kein/nur* + *brauchen* + *zu* + Infinitiv | Modalpartikeln | Passiv Präsens und Präteritum | Sätze mit *(an)statt – zu* | **Aussprache:** Modalpartikeln

Tauschen wir?

2 a Arbeitet zu zweit. Jeder liest einen Text. Welche Überschrift passt zu eurem Text? Wählt aus.

Ein Jugendzentrum will tauschen — Jeder hilft jedem und das alles umsonst — Tauschen für einen guten Zweck — Ein Service für wenig Geld

b Lest euren Text noch einmal und schließt dann das Buch. Erklärt eurem Partner / eurer Partnerin das Projekt.

A Mit einem roten Kuli hat es angefangen. Die Schülerin Fiona M. musste für ihren Realschulabschluss ein einjähriges Projekt machen. Sie entschied sich für ein Tauschprojekt. Das Prinzip ist einfach: Es geht darum, jeweils eine Sache gegen eine wertvollere Sache zu tauschen.
Fiona erstellte eine eigene Homepage und eine Instagram-Seite für das Projekt, so konnte sich die Idee schnell verbreiten. Begonnen hat alles mit einem wertlosen Kuli, der schon länger auf Fionas Schreibtisch lag. Dafür bekam die Schülerin einen Schlüsselanhänger. Den tauschte sie dann gegen ein altes Handy. Das gab sie für einen Roller her. So ging es immer weiter. Fiona hat es sogar geschafft, einen Billard-Tisch zu bekommen. Beendet ist das Projekt noch nicht. Fiona ist entschlossen, das Projekt so lange fortzusetzen, bis sie dem Jugendzentrum in ihrer Stadt etwas Cooles spenden kann, z. B. einen Kleinbus für Ausflüge.

B Tauschringe gibt es mittlerweile in vielen Städten. Aber wie funktioniert so ein Tauschring? Die Idee ist simpel: Man tut etwas für andere Personen, aber man nimmt kein Geld dafür. Wenn man selbst etwas braucht, muss man für den Service auch nicht bezahlen. So repariert Person A das Fahrrad von Person B. Person B putzt die Wohnung für Person C. Person C repariert den Computer von Person D. Person D schneidet die Haare von Person A. So gibt man weniger Geld aus und bekommt vielleicht auch etwas, was man sich normalerweise finanziell nicht leisten könnte. Jedes Mitglied eines Tauschringes hat ein Zeitkonto mit den eigenen Einsatzstunden. Diese kann man dann wieder gegen einen Service tauschen. Die Personen finden sich über eine Webseite oder regelmäßige Treffen in der Nachbarschaft.

c Lest die Sätze. Welche Aussage passt zu welchem Text? Ordnet zu.

1 Ein neuer Haarschnitt und ich brauche nichts zu bezahlen? Der ist wirklich gratis? Das finde ich super!

3 Das gibt es auch in unserem Haus: Wenn ich Hilfe benötige, brauche ich nur meine Nachbarn zu fragen.

d Wie findet ihr die Projekte? Was würdet ihr eher machen, A oder B? Warum? Wie würdet ihr die Idee umsetzen? Sprecht zu zweit.

e Erklärt einem Freund / einer Freundin in eurer Muttersprache das gewählte Projekt.

3 a Lest die Aussagen 1 und 3 in Aufgabe 2c noch einmal. Was bedeuten die Sätze?

Ich brauche nichts zu bezahlen.
A Ich will nichts bezahlen.
B Ich muss nichts bezahlen.

Ich brauche nur meine Nachbarn zu fragen.
A Ich muss nur meine Nachbarn fragen.
B Ich darf nur meine Nachbarn fragen.

b Sagt die Sätze anders. Sprecht zu zweit und schreibt dann die Sätze.

1. Du musst mir das Geld nicht jetzt geben.
2. Wir müssen beim Schulkonzert keinen Eintritt zahlen.
3. Ihr müsst nicht immer neue Sachen kaufen.
4. Du musst nur deine Eltern um mehr Taschengeld bitten.
5. Du musst nur ein bisschen sparen.

G

***nicht/kein/nur* + *brauchen* + *zu* + Infinitiv**

Du brauchst mir das Geld **nicht** jetzt **zu** geben.
Du brauchst **kein** Geld mit **zu** bringen.
Ich brauche **nur** meine Nachbarn **zu** fragen.

4 a Das Tauschprojekt – Hört die Dialoge. Was wollen die Schüler tauschen?

b Sag mal … Modalpartikeln – Hört die Dialoge noch einmal mit und ohne die markierten Wörter. Welche Dialoge klingen lebendiger? Sprecht dann die Dialoge zu zweit.

Dialog 1

● Schau mal!
○ Was ist das denn?
● Mein altes Vokabelheft – sollen wir tauschen? Du gibst mir deinen roten Stift.
○ Das ist aber echt alt!
● Na und? Die Wörter in dem Heft sind immer noch aktuell! Und Wörter wiederholen ist wichtig, oder?
○ Nein, danke! Ich brauche dein altes Heft nicht.

Dialog 2

● Du bist ja so gut in Mathe!
○ Stimmt.
● Komm doch heute zu mir! Wir könnten doch zusammen Mathe lernen und dann erkläre ich dir Englisch.
○ Kannst du denn gut Englisch?
● Ja, klar. Ich hatte eine 1 im letzten Test.
○ Okay. Dann machen wir das so.

G

Modalpartikeln

aber	Überraschung
denn	Interesse (nur in Fragen)
doch	Vorschlag
ja	etwas ist bekannt
mal	freundliche Aufforderung

c Welche Modalpartikel passen? Ergänzt und sprecht die Dialoge zu zweit.

1. ● Das ist ein schönes Foto. ○ Zeig ___!
2. ● Ich lade dich zum Eis ein. ○ Das ist ___ nett!
3. ● Komm ___ heute mit ins Kino! ○ Ja, gerne!
4. ● Woher hast du ___ dieses T-Shirt? ○ Von Jannik. Das habe ich getauscht.

d Organisiert in der Klasse ein Tauschprojekt: Vier Schüler arbeiten zusammen. Sammelt Gegenstände und Aktivitäten, die ihr zum Tausch anbieten könnt. Überlegt euch Argumente, warum die anderen in der Klasse das brauchen könnten. Versucht dann, andere Schülerinnen und Schüler vom Tausch zu überzeugen.

Jemanden überzeugen

Du solltest …
Wir könnten doch …
Ich finde, du brauchst unbedingt …
Besonders gut ist …
Ein Vorteil ist …
An deiner Stelle würde ich sofort …
… ist wichtig, oder?

Wie wird das gemacht?

5 a 
2.17

Hört den Anfang des Gesprächs. Was will Kim? Warum? Macht Notizen und sprecht dann in der Klasse.

Kim erklärt ihren Eltern, dass …

Sie findet es blöd, dass …

2.18 **b** **Wie bekommt Kim ein eigenes Konto? Was sagen Kims Eltern? Seht den Comic an, lest die Sätze und ordnet zu. Hört dann das Gespräch zu Ende und vergleicht.**

1. Wir müssen das Formular unterschreiben.
2. Der Ausweis oder Pass wird geprüft.
3. Dann bringst du das Formular zur Bank zurück und dein Girokonto wird eröffnet.
4. Du musst zu einer Bank gehen.
5. Die Bankkarte und die PIN werden dir zugeschickt. Dann kannst du allein am Geldautomaten Bargeld abheben.
6. Das Formular wird am Computer ausgefüllt und dann wird es ausgedruckt.

c **Erzählt zu zweit: Was passiert zuerst? Und dann? Und danach?**

Zuerst muss Kim zur Bank gehen. Und dann?

Dann wird … Und danach?

d **Aktiv oder Passiv? Welcher Satz passt zu welchem Bild?**

1. Kims Eltern unterschreiben das Formular.
2. Das Formular wird unterschrieben.

G9

e **Lest den Kasten und ergänzt die Regel. Die Sätze in 5b und d helfen.**

G

Passiv Präsens

Der Pass wird geprüft.
→ Man prüft den Pass.

Die Bankkarte und die PIN werden dir zugeschickt.
→ Man schickt dir die Bankkarte und die PIN zu.

Das Passiv bildet man mit ___ + ___

Beim Passiv ist wichtiger, was passiert. Die Person ist nicht wichtig oder sie ist unbekannt.

f **Was passiert in der Bank? Seht die Bilder an und ordnet die Verben zu. Formuliert zu zweit Sätze im Passiv. Vergleicht in der Klasse.**

✦ gefüllt ✦ überwacht ✦ ausgezahlt ✦ ausgedruckt ✦ beraten ✦

das Geld

die Kunden

die Automaten

die Formulare

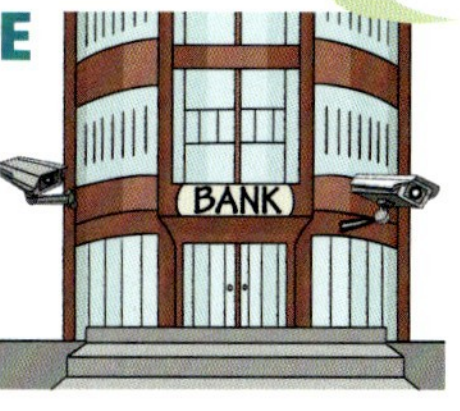

die Bank

g **Wie heißen die Sätze aus 5f in eurer Sprache?**

h **Bildet in Gruppen Sätze im Passiv. Sprecht zuerst, schreibt dann die Sätze ins Heft.**

✦ Kleidung ✦ Bücher ✦ Filme ✦ Hausaufgaben ✦ Musik ✦ Geld ✦ Schulsachen ✦ … ✦	✦ von den Eltern bezahlt ✦ heruntergeladen ✦ online gekauft ✦ auf das Konto eingezahlt ✦ meistens gestreamt ✦ in der Bibliothek ausgeliehen ✦ erst am Abend gemacht ✦ … ✦

6 **Brauchen Jugendliche ein eigenes Konto? Schreibt einen kurzen Text zum Thema und begründet eure Meinung.**

Das Geldquiz

7 a **Lest das Quiz in der Schülerzeitung. Ratet zu zweit und notiert eure Antworten.**

Wie gut kennt ihr euch mit der Geschichte des Geldes aus? Macht unser Quiz.

1. Wann wurde in Deutschland die erste Bank eröffnet?
A Im 12. Jahrhundert. **B** Im 15. Jahrhundert. **C** Im 18. Jahrhundert.

2. Wo wurden die ersten Geldmünzen hergestellt?
A In Indien. **B** In Italien. **C** In der Türkei.

3. In welchem Land wurden die ersten Scheine aus Papier benutzt?
A In China. **B** In Griechenland. **C** In Japan.

4. Wann wurde die Deutsche Mark eingeführt?
A 1918 **B** 1948 **C** 1951

5. Wann wurde in Europa der Euro eingeführt?
A 1998 **B** 2000 **C** 2002

G

Passiv Präteritum

Wann wurde der Euro ein|geführt?

→Wann führte man den Euro ein?

Es gibt auch das Passiv Perfekt.
Man benutzt es selten.

Wann ist der Euro ein|geführt worden?

b **Lest die richtigen Lösungen auf Seite 144. Welches Team hat alle Antworten richtig?**

c **Wie wurde das früher gemacht? Bildet Sätze im Passiv Präteritum. Sprecht zu zweit, schreibt dann die Sätze ins Heft.**

✦ Lebensmittel tauschen ✦ Steine als Geld benutzen ✦ Münzen aus Gold und Silber herstellen ✦ Waren auf dem Marktplatz handeln ✦

Lebensmittel wurden …

Das blöde Ding!

8 **a** **Rechte und Pflichten bei der Reklamation – Lest den Text und die Sätze 1 bis 4. Richtig oder falsch? Korrigiert die falschen Sätze.**

So reklamierst du richtig

Du hast etwas gekauft, aber zu Hause merkst du, dass es kaputt ist oder nicht so gut funktioniert? Das kann vorkommen. Anstatt dich zu ärgern und das kaputte Ding wegzuwerfen oder einfach zu behalten, solltest du es im Geschäft reklamieren. Der Verkäufer darf nämlich keine kaputte Ware verkaufen. Wenn er es trotzdem macht, muss er die Ware reparieren bzw. umtauschen. Das muss er auch, wenn du den Originalkarton nicht mehr hast. Er ist aber nicht verpflichtet, das Geld zurückzugeben. Das kann er natürlich freiwillig tun, aber du kannst die Summe nicht zurückverlangen. Käufer haben das Recht, kaputte Ware bis zwei Jahre nach dem Kauf zu reklamieren. Allerdings musst du nach einem halben Jahr beweisen, dass die Ware schon beim Kauf kaputt war. Am besten ist es, wenn du die Quittung zeigen kannst. Du hast die Quittung nicht mehr? Wenn du mit deiner Bankkarte bezahlt hast, kannst du z. B. einen Beleg von der Bank mitbringen. Oder du hast einen Zeugen, z. B. deine Eltern oder einen Freund, der beim Kauf dabei war.

1. Wenn man Ware reklamieren will, braucht man die Verpackung.
2. Der Verkäufer kann das Geld zurückgeben, wenn er will.
3. Man hat zwei Jahre Zeit, kaputte Ware zu reklamieren.
4. Wenn man die Quittung verloren hat, kann man die Ware nicht mehr reklamieren.

b **Florian hat einen neuen Kopfhörer gekauft. Lest den Chat. Was rät Paula? Formuliert zu zweit Sätze mit *anstatt*. Schreibt sie dann ins Heft.**

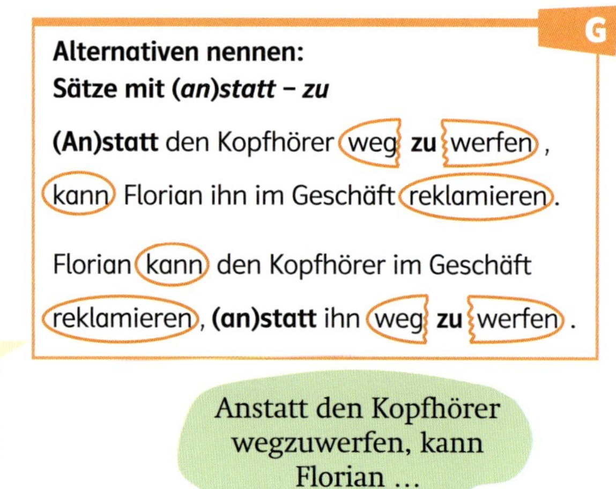

Anstatt den Kopfhörer wegzuwerfen, kann Florian …

c **Alternativen vorschlagen mit (*an*)*statt* – zu. Hört die Sätze und sprecht nach. Achtet auf die Betonung.**

1. Anstatt **online** zu shoppen, geh lieber mal auf den **Flohmarkt**.
2. Geh lieber mal wieder ins **Kino,** anstatt dein Geld für **Süßigkeiten** auszugeben.
3. Statt **drei billige** T-Shirts zu kaufen, kauf lieber **eins** mit **guter** Qualität.

d **Wie können die Sätze lauten? Überlegt zu zweit und schreibt eure Sätze auf Zettel. Schneidet den Zettel nach dem Komma durch. Mischt die Zettel und tauscht sie mit einem anderen Paar. Was passt zusammen? Ordnet zu. Das andere Paar korrigiert.**

1. Anstatt kaputte Sachen wegzuwerfen, …
2. Anstatt alles neu zu kaufen, …
3. Anstatt das ganze Taschengeld auszugeben, …
4. …, kaufen wir lieber im Geschäft ein.
5. …, streamen wir lieber Filme.

… bringen wir sie lieber zur Reparatur.

Ich habe noch Garantie

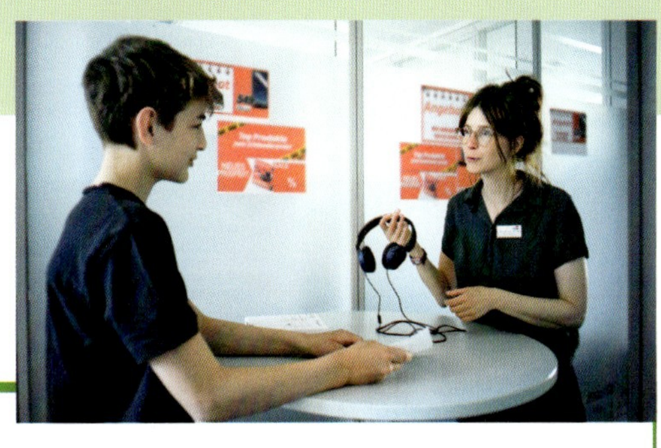

a **Florians Reklamation – Hört das Gespräch im Geschäft und lest die Sätze im Kasten. Welche Sätze hört ihr? Notiert.**

2.20

Etwas reklamieren

Kunde/Kundin

- **A** Ich bin mit dem Kopfhörer leider gar nicht zufrieden.
- **B** Aber er funktioniert nicht richtig.
- **C** Der Kopfhörer ist kaputt.
- **D** Ich finde das wirklich sehr ärgerlich.
- **E** Was kann ich da jetzt machen?
- **F** Kann ich den Kopfhörer umtauschen?
- **G** Kann ich den Kopfhörer zurückgeben?
- **H** Ich habe noch Garantie.
- **I** Ich habe die Quittung noch.

Verkäufer/Verkäuferin

- **K** Kann ich dir helfen?
- **L** Was ist denn das Problem?
- **M** Hast du die Lautstärke richtig eingestellt?
- **N** Hast du den Kopfhörer richtig angeschlossen?
- **O** Ich verstehe, dass dich das ärgert.
- **P** Kann ich den Kopfhörer bitte mal sehen?
- **Q** Das tut mir leid.
- **R** Das wundert mich.
- **S** Selbstverständlich.
- **T** Hast du die Quittung noch?
- **U** Hast du noch Garantie?
- **V** Ich hole dir einen neuen Kopfhörer.

b **Wählt zu zweit eine Situation. Überlegt euch einen Dialog wie in 9a. Schreibt den Dialog dann auf. Verteilt die Rollen und übt den Dialog. Spielt ihn zum Schluss in der Klasse vor.**

Situation A

Kunde/Kundin:
- letzte Woche eine Hose gekauft
- hat ein Loch / einen Fleck
- was machen?

Verkäufer/Verkäuferin:
- richtig gewaschen?
- die Quittung?
- Geld zurück oder neue Hose?

Situation B

Kunde/Kundin:
- gestern eine Powerbank gekauft
- lädt nicht auf / funktioniert nicht
- das Kabel getestet, funktioniert
- die Powerbank umtauschen

Verkäufer/Verkäuferin:
- richtig angeschlossen?
- das Kabel getestet?
- die Quittung?

c **Habt ihr oder haben eure Eltern schon mal etwas reklamiert? Was ist da passiert? Sprecht in der Klasse.**

10 **Freie Wahl – A, B oder C?**

A Sprecht zu zweit und bildet Sätze mit *anstatt*.

Anstatt mit dem Handy zu spielen, …

… gehe ich lieber in den Skaterpark. Anstatt …

B Eure Währung – Wie heißt die Währung? Welche Scheine und Münzen gibt es? Welche Bilder sind auf den Scheinen und Münzen? Wann wurde die Währung eingeführt? Recherchiert Informationen und erstellt ein Plakat. Stellt es in der Klasse vor.

C Konsum- und Geld-ABC. Ihr habt 15 Minuten Zeit. Findet zu jedem Buchstaben ein Wort zum Thema. Welche Gruppe findet die meisten Wörter?

A auszahlen
B die Bank

Was kann ich nach Kapitel 9?

Wortschatz / Redemittel

Jemanden überzeugen
Du solltest … Wir könnten doch …
Ich finde, du brauchst unbedingt …
Besonders gut ist … Ein Vorteil ist …
An deiner Stelle würde ich sofort …
… ist wichtig, oder?

Spielt Dialoge.
1. Ihr wollt ein Buch gegen ein T-Shirt tauschen.
2. Ihr wollt einmal „Gemeinsam lernen" gegen einen Besuch im Kino tauschen.

Etwas reklamieren
Ich bin mit … (leider) (gar) nicht zufrieden.
… funktioniert nicht richtig / ist kaputt.
Ich finde das (wirklich) sehr ärgerlich.
Was kann ich da jetzt machen?
Kann ich … umtauschen/zurückgeben?
Ich habe die Quittung noch / noch Garantie.

Euer neues Handy ist kaputt und ihr wollt es reklamieren. Was könntet ihr sagen? Bildet vier Sätze.

Guten Tag. Ich habe das Handy erst letzte Woche gekauft, aber …

Grammatik

***nicht/kein/nur* + *brauchen* + *zu* + Infinitiv**

Du brauchst mir das Geld **nicht** jetzt **zu** geben.
Du brauchst **kein** Geld mit **zu** bringen.
Ich brauche **nur** meine Nachbarn **zu** fragen.

Das wäre schön! Bildet Sätze und reagiert.
1. heute keine Hausaufgaben machen
2. die Wörter nicht lernen
3. nächste Woche nur einen Tag in die Schule kommen

Du brauchst heute keine …
Oh, wie schön!

Modalpartikeln

aber	Überraschung
denn	Interesse (nur in Fragen)
doch	Vorschlag
ja	etwas ist bekannt
mal	freundliche Aufforderung

Was passt? Wählt aus und lest vor.
1. Heute ist denn/aber schönes Wetter.
2. Was machen wir doch/denn am Nachmittag?
3. Wir könnten aber/doch in den Park gehen. Wir müssen mal/ja heute keine Hausaufgaben machen.
4. Gute Idee. Frag denn/mal Mia, ob sie auch mitkommt.

Passiv
werden + Partizip II

Präsens
Der Pass wird geprüft.

Passiv Präteritum
Der Pass wurde geprüft.

Was wird in der Schule gemacht? Bildet Sätze.
1. Texte – lesen
2. Grammatik – erklären
3. Aufgaben – rechnen
4. Übungen – machen
5. Fragen – stellen

Texte werden gelesen.

Alternativen nennen: Sätze mit (*an*)*statt* – *zu*

Florian sollte die Kopfhörer reklamieren,
statt die Kopfhörer weg **zu** werfen.
Anstatt bis morgen **zu** warten, sollte Florian sofort ins Geschäft zurückgehen.

Ergänzt die Sätze.
1. Anstatt immer zu spät zu kommen, …
2. Statt im Unterricht immer zu reden, …
3. Anstatt am Handy zu spielen, …

Plateau 3

1 a Lest zuerst alle Sätze (5 Minuten). Was passt zusammen?

b Übt zu zweit mit dem Karussell. Person A liest eine Frage / einen Satz (blau), Person B liest die Antwort (rot). Dann tauscht ihr.

Der Biotest war total schwer, oder?

Ja. Ich werde wohl wieder eine Vier bekommen.

Mangelhaft? Was werden meine Eltern sagen?

Das ging schnell. Innerhalb einer Stunde war ich fertig.

Wann wurde Deutschland das letzte Mal Fußballweltmeister?

Super! Du bist ja auch total sportlich.

Gehst du heute auch zu Majas Party?

Echt? Während der Pause sollte man chillen.

Los, wir fragen Jannis, ob er auch mitkommt.

Auf keinen Fall! Meins ist viel besser.

Was fandest du in Berlin besonders toll?

Sie hat gesagt, dass sie ein halbes Jahr reisen wird.

Der Biotest war total schwer, oder?

Ist doch klar, die Wiedervereinigung.

Wie lange hast du gestern Hausaufgaben gemacht?

Ehrlich? Das ist aber nett von euch.

Was feiern die Deutschen am 3. Oktober?

Ja! Ich werde wohl wieder eine Vier bekommen.

Ich will jetzt noch lernen.

Ja stimmt. Man kann nun mal nicht alles haben.

Ich bin jetzt im Schwimmteam meiner Schule.

Nächste Woche. Aber das machen wir selbst.

Du brauchst kein Geld mitzubringen. Wir bezahlen.

Hm, die East Side Gallery, wo man noch die Mauer sehen kann.

Geh lieber ins Geschäft, statt alles online zu kaufen.

Eine Fünf? Ach, du Armer!

Was macht Jasmin nach dem Abitur?

Wieso? Ich shoppe lieber im Internet.

Komm, wir tauschen unsere Bücher.

Meinetwegen. Er ist bestimmt in der Mensa.

Die Tasche ist kaputt. Kann ich sie umtauschen?

Er studiert jetzt an der Fachhochschule.

Die Schuhe hätte ich gern, aber sie sind zu teuer.

Nö, ich habe keine Lust zum Feiern.

Macht dein Bruder eine Ausbildung oder ein Studium?

Ja, natürlich. Hast du die Quittung noch?

Wann wird unser Klassenzimmer gestrichen?

Weltmeister? Keine Ahnung. Wirklich nicht!

Training

2

a Wer ist das denn? – Hört die Dialoge. Zu welchem Dialog passt welcher Satz?

1. Jemand interessiert sich für Bilder.
2. Jemand interessiert sich für eine Person.

b Lest die Dialoge zu zweit. Spielt ähnliche Dialoge. Ersetzt die markierten Teile.

A

● Schau mal, der Typ da!
○ Oh, wer ist das denn?
● Der sieht aber cool aus!
○ Frag Clara doch mal, wer das ist. Sie kennt ja immer alle Leute.
● Nee, was denkt Clara denn dann von mir?
○ Du bist aber ängstlich! Komm schon!

B

● Was hast du denn da?
○ Das ist meine Kunstmappe.
● Cool, darf ich die mal sehen?
○ Warum?
● Bitte! Du weißt ja, dass ich auch gern male. Also zeig doch mal!
○ Na gut. Hier.

Schau mal, die Lehrerin da!

Oh, wer ist das denn?

Die sieht aber streng aus.

3

Wie wird es sein? – Lest die Fragen. Wählt eine Frage und schreibt eine Antwort auf eine Karte. Sammelt alle Karten ein und verteilt sie neu. Zu welcher Frage passt eure Antwort? Lest Frage und Antwort in der Klasse vor.

1. Welche Kleidung wird in 50 Jahren modern sein?
2. Wann werden die ersten Menschen auf dem Mars wohnen?
3. Wie wird die Schule in 50 Jahren aussehen?
4. Wie werden die Menschen in der Zukunft reisen?

Das wird nicht mehr lange dauern. Wir werden schon in 30 Jahren …

4

a So ein Quatsch! – Hört das Gespräch. Was ist hier los?

● Im Hauszimmer erklärte der Projektlehrer die letzte Klassenaufgabe vor der Deutschwoche.
○ Häh? Das verstehe ich nicht.
● Äh, nein. Im Deutschzimmer erklärte der Hauslehrer die letzte Projektaufgabe vor der Klassenwoche.
○ Was hast du gesagt?

b Wie heißt es richtig? Überlegt zu zweit und ergänzt die fehlenden Wörter. Hört dann das ganze Gespräch und vergleicht.

● Nein. So ein Quatsch. Noch einmal. Im ___zimmer erklärte der ___lehrer die letzte ___aufgabe vor der ___woche.
○ Ah, verstanden.

c Spielt den ganzen Dialog aus 4a und 4b mit viel Emotion. Tauscht dann die Rollen und spielt noch einmal.

5 a Kim auf Klassenfahrt – Lest das Gedicht und ergänzt die fehlenden Verben. Hört dann das Gedicht zur Kontrolle.

2.24

✦ dachte ✦ machten ✦ gelacht ✦ packten ✦ war ✦ gingen ✦ fuhren ✦
Gab ✦ stand ✦ gebracht ✦ sah ✦ lachten ✦

Als wir mit dem Bus auf Klassenfahrt ___ (1),
schauten wir sehr oft auf unsere Uhren.
Während wir im Bus unsere Späße ___ (2)
und die anderen ganz herzlich ___ (3),
sagte der Lehrer plötzlich: „Wir sind da!"
Alle ___ (4) ihre Sachen: „Aussteigen, hurra!"

Als ich endlich die Jugendherberge ___ (5),
war ich begeistert und ___ (6): „Oh lala!"
Es war eine Burg und wir ___ (7) hinein,
dort ___ (8) mein Vater, wie kann das sein?

Nachdem unser Bus schon losgefahren ___ (9),
merkte mein Vater: Der Koffer ist noch da!
Mit dem Auto hat er mir den Koffer ___ (10).
Das war ziemlich peinlich, alle haben ___ (11).

Doch so schlimm war es nicht, denn mein Vater ist toll!
___ (12) uns Limo und Chips, eine riesige Tüte voll.
Dann sagte der Lehrer: „Wir gehen jetzt essen."
Diese Klassenfahrt werde ich nie mehr vergessen.

b Hört das Gedicht noch einmal. Übt dann das Gedicht zu zweit. Lest dann abwechselnd eine Strophe in der Klasse vor.

6 Passivsätze erweitern – Arbeitet zu zweit. Person A bildet einen Passivsatz. Person B wiederholt diesen Satz und ergänzt eine Information usw. Welches Team bildet den längsten Passivsatz?

✦ den Text lesen ✦ das Paket verschicken ✦
die Jugendlichen abholen ✦ die Pizza backen ✦
den Fehler korrigieren ✦ … ✦

Der Text wird gelesen.

Der Text wird von den Schülern gelesen.

Der Text wird von den Schülern um 11 Uhr gelesen.

Der Text wird von den Schülern um 11 Uhr in der Schule gelesen.

7 Wo bist du? – Denkt euch einen Ort aus. Beschreibt den Ort wie im Beispiel. Die anderen raten.

Ich bin an einem Ort, wo die Menschen 22 Spieler und einen Ball ansehen und wo sie …

Du bist im … !

8

Sprachmittlung – Ihr seid mit euren Eltern in Berlin und bekommt im Hotel diese Flyer. Person A gibt die Informationen aus dem Flyer 1 in der Muttersprache weiter. Person B darf in der Muttersprache nachfragen. Tauscht dann die Rollen und sprecht über Flyer 2.

1

Computerspielemuseum

In Europas erstem Computerspielemuseum findet ihr die berühmtesten und wichtigsten Computerspiele, Computer und Spieleautomaten. Schaut euch z. B. den **Nimrod** an. Das war das erste Computerspiel, das man 1951 in Berlin auf einer Ausstellung sehen konnte. Oder probiert den ersten und einzigen Videospielautomaten der DDR aus, den **Poly-Play**. Außerdem könnt ihr euch wie in einer Bibliothek Videospiele von **Pacman** (1980) bis **Grand Theft Auto IV** (2008) ansehen. Auch über die Kunst, Technik und Zukunft der Computerspiele erfahrt ihr hier einiges.

Kommt vorbei und bringt Freunde und Familie mit!

2

Olympiastadion Berlin

Das Olympiastadion ist eine der beliebtesten Sehenswürdigkeiten in Berlin. Jedes Jahr besichtigen über 300 000 Besucher das 5-Sterne-Stadion. Hier spielt der Fußballclub Hertha BSC. Im Jahr 2006 fand hier das Endspiel der Fußballweltmeisterschaft statt.
Sie können das Stadion und den Olympiapark alleine entdecken oder Sie buchen eine spezielle Führung:

Die Highlighttour: 60 Minuten
Die Premiumtour: 120 Minuten
Die Hertha BSC-Tour: 90 Minuten
Die Techniktour: 90 Minuten

Öffnungszeiten:
April – Oktober: 9–19 Uhr
November – Dezember: 10–16 Uhr

9

Kapitelmeister Kapitel 7 bis 9 – Etwas fehlt. Arbeitet zu zweit, ergänzt a bis i und lest vor. Wer hat alles richtig?

a (S. 80)

Ein paar Tage vorher ___ ich meinen Führerschein ___ und ich hatte einen Plan.

b (S. 82)

Ich ___

c (S. 73)

___ sollte man regelmäßig lernen.

d (S. 90)

G

Alternativen nennen: Sätze mit *(an)statt ... zu*

___, kann Florian ihn im Geschäft reklamieren.

e (S. 79)

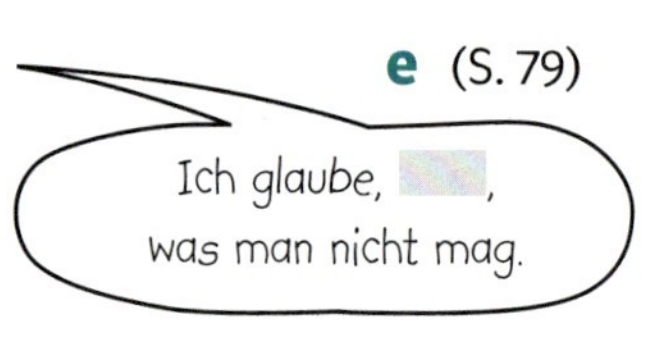

f (S. 89)

das Geld ___

g (S. 78)

C ___

h (S. 89)

5. Wann ___ in Europa der Euro ___ ?

i (S. 70)

Benny 13. Mai, 11:55 Uhr
Ich hatte in der ___ sehr gute Noten.

10 **a** **Traditionen in DACH – Seht euch die Fotos an und beschreibt sie.**

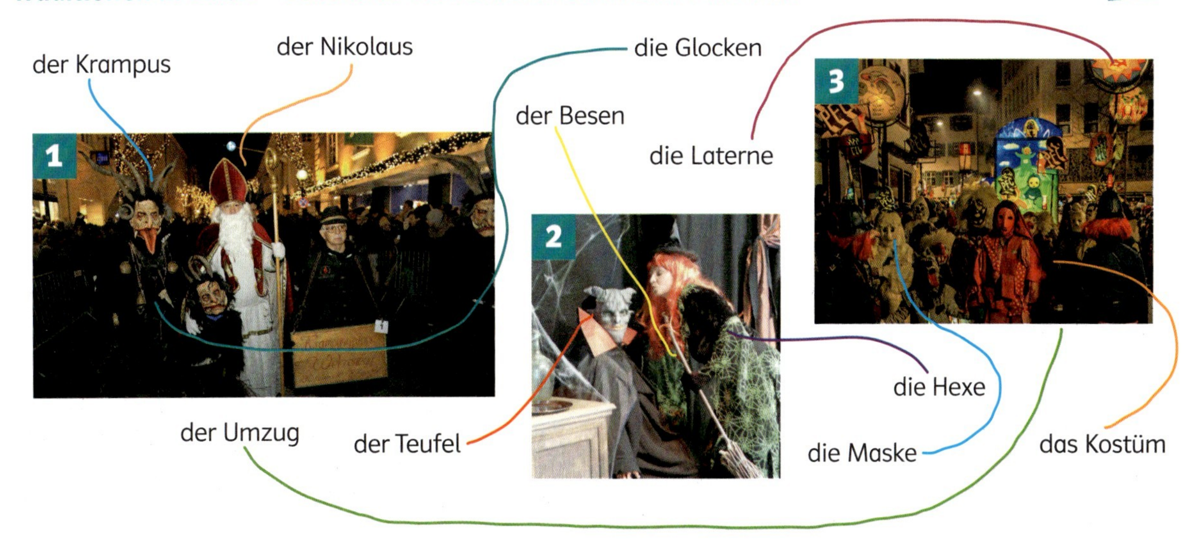

b **Lest die Texte von Eva, Celina und Jonas. Welches Foto passt zu welchem Fest? Wie heißen die Feste? Wo finden sie statt? Sucht die Orte auf der Karte im Umschlag.**

A Ich komme aus Basel in der Schweiz. Wir haben eine besondere Art, Fasnacht zu feiern. Fasnacht heißt in anderen Ländern Fastnacht, Karneval oder Fasching. Die Fasnacht startet am Montag nach Aschermittwoch um 4 Uhr am Morgen im Dunklen mit dem „Morgestraich" und endet am Donnerstag um 4 Uhr mit dem „Ändstraich". Beim „Morgestraich" ziehen die Basler Gruppen mit selbst gebastelten Laternen, mit Flöten und Trommeln durch die Stadt. Sie sind verkleidet und tragen tolle Masken. Die Zuschauer dürfen sich nicht verkleiden und nicht fotografieren. Bis zum Donnerstagmorgen gibt es mehrere Umzüge mit geschmückten Wagen, viel Musik und traditionellen Gerichten. *Jonas, 16 J.*

B In meiner Heimat, dem Harz, feiern wir am 30. April die Walpurgisnacht. Der Legende nach trafen sich die Hexen an diesem Abend auf dem Hexentanzplatz. Dann flogen sie auf ihren Besen auf den Blocksberg, den Brocken. Das ist der höchste Berg im Harz. Dort machten sie ein riesiges Feuer und feierten die ganze Nacht ein großes Fest mit dem Teufel. Der Name Walpurgis stammt von der heiligen Walburga, einer Äbtissin aus England. Der 1. Mai ist ihr Gedenktag. Heute gibt es in vielen Orten im Harz traditionelle Hexenumzüge, Feste, Konzerte, Märkte, Feuerwerk und vieles mehr, zu denen sich die Menschen als Hexen oder Teufel verkleiden. Außerdem stellen viele Leute Hexenpuppen vor ihre Häuser. *Celina, 15 J.*

C Bei uns in Klagenfurt, Österreich, ist der Krampuslauf sehr berühmt. Der Krampus, eine schreckliche Gestalt, ist aber auch in anderen Teilen von Österreich, Bayern, Liechtenstein und anderen Ländern bekannt. Der Krampustag ist am 5. Dezember. Beim Klagenfurter Krampusumzug laufen Leute als Krampus verkleidet durch die Stadt, machen Lärm mit ihren Glocken und ärgern die Zuschauer. Es laufen auch einige Leute als Nikolaus verkleidet mit, denn bei uns kommt der Nikolaus traditionell zusammen mit dem Krampus. Der Nikolaus schenkt den braven Kindern Süßigkeiten, der Krampus bestraft die bösen. *Eva, 16 J.*

c **Arbeitet zu sechst, bildet 3 Paare. Jedes Paar wählt einen Text und überlegt sich vier Fragen dazu. Tauscht dann eure Fragen mit den anderen Paaren und beantwortet sie.**

d **Welche Tradition findet ihr am interessantesten? Warum? Sprecht in Gruppen.**

Film 

11 a **Lest die Ausdrücke. Seht dann Teil 1 von Filmclip 3 an. Welche Ausdrücke passen zum Filmclip? Wählt aus und erzählt, was ihr gesehen habt.**

✦ Sportunterricht in der Schule haben ✦ Ferien haben ✦ auf Klassenfahrt sein ✦ im Camp sein ✦ chillen ✦ Zelte aufbauen ✦ Regeln lesen ✦ Tagesplan erklären ✦ nicht begeistert sein ✦ sich sehr freuen ✦

b **Seht Teil 2 an. Was müssen die Jugendlichen morgens machen? Bringt die Bilder in die richtige Reihenfolge und ordnet die Ausdrücke zu.**

✦ sofort losjoggen ✦ Volleyballtraining haben ✦ durch den Park laufen ✦ sehr früh aufstehen ✦ Gymnastik machen ✦ Baggern und Pritschen üben ✦

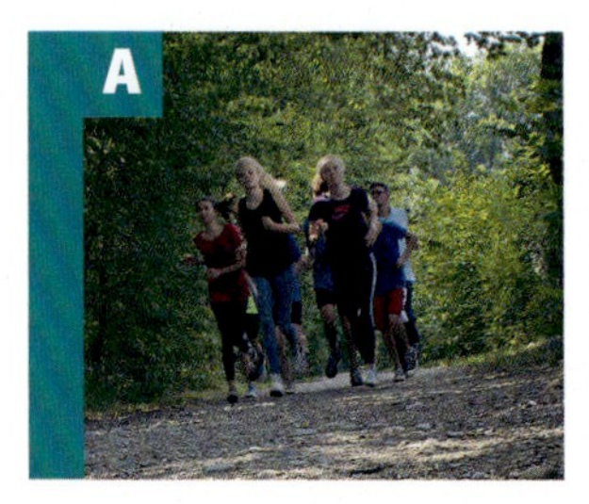

c **Seht Teil 3 an. Warum gehen Lena, Ricki und Jonas zu Herrn Schmidt? Was wollen sie? Wie reagiert ihr Trainer? Sprecht zu zweit.**

Sie finden, dass …

Lena sagt, dass …

Sie wünschen sich, dass …

d **Wie geht die Geschichte weiter? Seht die Bilder an und sprecht in Gruppen. Seht dann Teil 4 an und vergleicht mit euren Vermutungen.**

Die Jugendlichen haben eine Idee. Sie …

Auf den Schildern steht …

e **Ihr seid im Sportcamp. Schreibt einen Tagesplan, der euch gefällt. Stellt ihn in der Klasse vor.**

Jede Menge Arbeit ...

der Fahrlehrer / die Fahrlehrerin

der Kunde / die Kundin

der Fluggast

der Rechtsanwalt / die Rechtsanwältin

der Krankenpfleger / die Krankenschwester

der Richter / die Richterin

der Patient / die Patientin

der Flugbegleiter (Steward) / die Flugbegleiterin (Stewardess)

der Maler / die Malerin

der Fahrschüler / die Fahrschülerin

a **Seht die Fotos an und hört die Szenen A bis E. Wo sind die Personen? Welche Personen passen zusammen? Ordnet zu und vergleicht eure Lösungen in der Klasse.**

b **Welche Eigenschaften braucht man für welchen Beruf? Wählt zwei Berufe aus und nennt die drei wichtigsten Eigenschaften. Vergleicht und begründet eure Auswahl in Gruppen.**

✦ geduldig ✦ freundlich ✦ zuverlässig ✦ engagiert ✦ gerecht ✦ hilfsbereit ✦ exakt ✦ kreativ ✦ schnell ✦ organisiert ✦ flexibel ✦ aufmerksam ✦ verantwortungsvoll ✦ mitfühlend ✦ ruhig ✦ teamfähig ✦ ordentlich ✦

Ich glaube, dass ein Fahrlehrer geduldig sein muss. Außerdem soll …

c **Arbeitet zu zweit. Wählt einen Beruf und schreibt einen Dialog wie in 1a. Die anderen raten, wer spricht.**

Das lernen wir: einen Text über Vorteile von Praktika verstehen | Vorteile und Gründe nennen | Vermutungen äußern | Zweifel äußern | Anzeigen verstehen | eine Bewerbung schreiben | **Grammatik:** Doppelkonnektoren: *sowohl – als auch, entweder – oder, weder – noch, nicht nur – sondern auch* | *n*-Deklination | Passiv mit Modalverb | Nebensatz mit *seit(dem)* | **Aussprache:** Vokale am Wort- oder Silbenanfang

Erst mal ein Praktikum ...

2 a Ein Praktikum? Wozu brauche ich das? Arbeitet in Gruppen und sammelt Gründe für ein Praktikum nach dem Schulabschluss.

Es gibt mehrere Berufe, die ich interessant finde. Deshalb ...

b Lest den Text und beantwortet zu zweit die Fragen. A stellt Frage 1, B antwortet. Dann fragt B weiter.

1. Wie lange dauert ein Praktikum?
2. Was braucht man, wenn man am Arbeitsplatz Aufgaben erledigen soll?
3. Was lernen Praktikanten im Kontakt mit Kunden und Kollegen?
4. Warum ist ein Praktikum eine positive Herausforderung?
5. Alle Erfahrungen sind wichtig. Warum?
6. Welche Dokumente schreibt oder bekommt man im Praktikum?

Ein Praktikum – Eine gute Idee

Am Ende der Schulzeit stehen Jugendliche vor der Entscheidung, was sie in Zukunft machen wollen. Nach dem Abitur kann man entweder als Azubi in einer Firma eine Ausbildung machen oder ein Studium anfangen. Die Auswahl ist groß. Für eine bessere Orientierung entscheiden sich viele für ein Praktikum bereits während oder direkt nach der Schule.

A Man muss zuerst festlegen, wo man ein Praktikum machen möchte und wie lange es dauern soll. Es gibt verschiedene Plätze, die entweder für ein paar Wochen oder für mehrere Monate angeboten werden. Doch egal, wie man sich entscheidet: Für alle Praktika gilt, dass sie erste Erfahrungen im beruflichen Alltag bieten. Wie sind die Aufgaben und Arbeiten organisiert? Welche Abteilungen gibt es? Wer arbeitet mit wem? Welche Qualifikation braucht man? Wie funktioniert eine Firma? Bei einem Praktikum können Jugendliche Antworten auf viele Fragen finden.

B Ein Vorteil des Praktikums sind also die praktischen Erfahrungen, die Praktikanten sammeln können. Am Arbeitsplatz muss man Besprechungen organisieren, alltägliche Arbeiten erledigen oder Probleme im Team besprechen. Dazu braucht man sowohl theoretische Kenntnisse als auch praktische Fähigkeiten. Die Praktikanten lernen täglich an ihrem Arbeitsplatz, wie Theorie und Praxis zusammen funktionieren. Und das nicht nur in Handwerksberufen wie Maler und Schreiner, sondern auch in der Landwirtschaft oder im Labor.

C Während ihrer Zeit in einer Firma haben Praktikanten Kontakt mit Kollegen und manchmal auch mit Kunden. Schüler müssen während ihrer Schulzeit weder formelle Briefe oder Mails schreiben noch mit Kunden oder Kollegen sprechen. Im Praktikum kann man diese Art von Kommunikation in Texten und Gesprächen kennenlernen und manchmal selbst ausprobieren.

D Generell sind die vielen neuen und unbekannten Aufgaben und Situationen während des Praktikums eine positive Herausforderung. Denn mit jeder neuen Aufgabe, die die Praktikanten erledigen, haben sie die Chance, sich zu entwickeln. Wenn man etwas nicht versteht, sollte man das gleich ansprechen. Dann kann man sich zum Beispiel in der Kommunikation verbessern, neue Software kennenlernen oder verstehen, wie eine bestimmte Technik funktioniert.

E Während eines Praktikums kann man sowohl positive als auch negative Erfahrungen machen. Positive Erfahrungen kann man später im eigenen Lebenslauf beschreiben. Und gute Kontakte zur Firma und zu Kollegen helfen jedem Praktikanten, ein Netzwerk für den Beruf aufzubauen. Manchmal passiert es aber, dass die Erwartungen während eines Praktikums nicht erfüllt werden, weil man sich z. B. den Beruf ganz anders vorgestellt hat. In einem Praktikum lernt man eben nicht nur die Vorteile, sondern auch die Nachteile eines Berufs kennen. Diese negative Erfahrung ist genauso wichtig wie die positiven Erlebnisse, denn so kann man sich später bewusst entweder für oder gegen einen bestimmen Beruf entscheiden.

F Für diese Entscheidung ist es auch sinnvoll, alle Erfahrungen in einem Praktikumsbericht aufzuschreiben. So können sich Praktikanten am besten merken, was sie gemacht und gelernt haben. Am Ende des Praktikums wird in der Regel auch ein Praktikumszeugnis ausgestellt. Wenn man seinen Job gut gemacht hat, dann hilft das Zeugnis bei späteren Bewerbungen, z. B. für eine Lehrstelle. Es sprechen also viele Gründe für ein Praktikum, auch wenn man als Praktikant normalerweise kein Gehalt bekommt. Manchen dauert ein Praktikum aber noch zu lange. Dann kann man als Alternative z. B. in Projekten wie *one week experience* Auszubildende eine Woche lang begleiten. Hauptsache: Aktiv sein und vieles ausprobieren!

c **Arbeitet zu dritt. Wählt je zwei Abschnitte aus dem Text. Lest die Abschnitte noch einmal und notiert die Gründe für ein Praktikum. Beschreibt euch gegenseitig die Gründe in eigenen Worten.**

Ein Praktikum ist eine gute Idee, weil man den beruflichen Alltag kennenlernen kann.

Vorteile und Gründe nennen
Ein positiver Aspekt ist, dass …
… ist eine gute Idee/Wahl/ Entscheidung, weil/da …
Ein Argument für … ist, dass …
… ist ein Vorteil, weil …
… ist positiv, denn …

d **Und ihr? Kann man in eurem Land Praktika machen? Was möchtet ihr nach der Schule machen (ein Praktikum, ein Studium, eine Ausbildung, eine lange Reise, Au-Pair, …)? Berichtet.**

entweder – oder

3 **a** **Bewerben für ein Praktikum – Lest den Grammatikkasten. Welche Bedeutung passt zu welchen Konnektoren?**

G

Doppelkonnektoren

BANK + Reisebüro	Ich bewerbe mich **sowohl** bei der Bank **als auch** im Reisebüro.
BANK + Reisebüro	Ich bewerbe mich **nicht nur** bei der Bank, **sondern auch** im Reisebüro.
BANK + Reisebüro (durchgestrichen)	Ich bewerbe mich **weder** bei der Bank **noch** im Reisebüro.
BANK / Reisebüro	Ich bewerbe mich **entweder** bei der Bank **oder** im Reisebüro.

✦ A oder B
✦ A und B ✦
nicht A und nicht B ✦
A und B ✦

b **Was passt zusammen? Ordnet zu. Lest dann abwechselnd zu zweit vor.**

1. Die Praktika werden entweder für ein paar Wochen
2. Am Arbeitsplatz braucht man sowohl theoretische Kenntnisse
3. Praktische Fähigkeiten und theoretisches Wissen braucht man nicht nur in Handwerksberufen,
4. Jugendliche müssen in der Schule weder formelle Briefe schreiben
5. Praktikanten lernen nicht nur die positiven Seiten,
6. Nach dem Praktikum kann man sich entweder für

A noch mit Kunden sprechen.
B oder gegen den Beruf entscheiden.
C sondern auch negative Aspekte eines Berufes kennen.
D oder für einige Monate angeboten.
E sondern auch in der Landwirtschaft oder im Labor.
F als auch praktische Fähigkeiten.

c **Was erwartet ihr von einem Praktikum? Ergänzt die Sätze. Sprecht erst zu zweit über eure Erwartungen. Schreibt dann die Sätze ins Heft.**

1. Ich möchte nicht nur … (zusehen / mitarbeiten)
2. Ich hoffe, dass das Praktikum weder … (uninteressant / langweilig)
3. Ich wünsche mir, dass die Kollegen sowohl … (nett / hilfsbereit)
4. Ich glaube, dass ich entweder … (um 6 / um 7 Uhr anfangen)
5. Ich denke, dass ich nicht nur … (viel lernen / Spaß haben)

Ich möchte nicht nur zusehen, sondern …

Ich interessiere mich für ...

4

a Jannik überlegt – Wo möchte Jannik vielleicht arbeiten? Beschreibt die Bilder und ordnet die Tätigkeiten zu. Manche passen mehrfach. Sprecht in der Klasse.

✦ einen Anzug tragen ✦ Ware verkaufen ✦ früh aufstehen ✦ hart arbeiten ✦ Betten beziehen ✦ bei Untersuchungen helfen ✦ Filme drehen ✦ Stars treffen ✦ Speisen und Getränke servieren ✦ in der Küche helfen ✦ Kontakt zu Kunden haben ✦ nachts arbeiten ✦ an der Kasse sitzen ✦ viel über Wirtschaft wissen müssen ✦

R10

b Ein Praktikum in der Bank, im Krankenhaus, ... Was macht/lernt man da (nicht)? Was ist interessant? Sprecht zu zweit über eure Vermutungen und Zweifel.

Vermutlich muss man bei einem Praktikum in der Bank immer einen Anzug tragen.

Das glaube ich auch.

Vermutungen äußern	**Zustimmen**	**Zweifel äußern**
Ich denke/glaube/meine, dass ... Ich vermute, dass ... Vermutlich/Bestimmt ...	Das denke/glaube/meine ich auch. Du hast recht. Stimmt.	Ich glaube nicht, dass ... / bin nicht sicher, ob ... Ich habe meine Zweifel, ob ... Da bin ich mir nicht so sicher. Das ist doch Quatsch.

5

a Lest die Anzeigen und ordnet einen passenden Titel aus 1 bis 4 zu.

1. Zoo braucht Helfer 2. Arbeiten auf dem Land 3. Arbeiten, wo andere Urlaub machen 4. Kellner gesucht

A

Du arbeitest gern im Freien an der frischen Luft? Bei einem Ferienjob auf dem

❀ Biobauernhof ❀

hast du die Gelegenheit, den Arbeitsalltag eines Bauern und verschiedene Tätigkeiten in der Landwirtschaft kennenzulernen: bei der Ernte helfen, Lieferungen zusammenstellen, Pferde, Kühe oder Hasen pflegen ... Bewerbungen bitte an Herrn Seifert, Sandnerhof ...

B

Interessiert dich die Arbeit mit exotischen Tieren, z. B. mit einem Löwen, Bären oder Affen? Im

Tierpark Hellabrunn

sind Praktika in der Tierpflege oder Tiermedizin möglich. Aktuell suchen wir Jugendliche für Schülerpraktika im Bereich Pflege und eine Studentin / einen Studenten der Tiermedizin. Du willst mehr erfahren? Fragen und Bewerbungen bitte an unsere Personalabteilung.

C

Langeweile gibt es bei uns nicht!

Der FerienClub an der Ostsee sucht für die Betreuung von Kindern eine Praktikantin oder einen Praktikanten, die/der sportlich und kreativ ist, gern Verantwortung übernimmt und Kinder mag. Interessiert? Dann schick uns deine Bewerbungsunterlagen mit Zeugnis und Lebenslauf an ...

D

Wir suchen eine Aushilfe im Service, Arbeitszeit werktags und an den Wochenenden, gern Schüler oder Studenten, Verdienst 10 € pro Stunde + Trinkgeld. Wo? Eiscafé Ludwig, Schedestraße 20, Tel: 3067893

b Lest die Anzeigen in 5a noch einmal und überlegt Fragen zu den Informationen in den Texten. Arbeitet dann zu zweit. Stellt euch gegenseitig Fragen und antwortet.

Wie viel Geld verdient man im Eiscafé Ludwig?

Man bekommt ... Was muss man im Zoo machen?

c **Welche Anzeige aus 5a findet ihr interessant? Wählt eine Anzeige und teilt euren Eltern die wichtigsten Infos dazu in eurer Muttersprache mit.**

d ***n*-Deklination – Lest die Regel im Kasten und sucht Beispiele in den Anzeigen in 5a. In welchem Kasus stehen die Nomen?**

e **Ergänzt die Sätze mit passenden Nomen.**

1. Beim Job im Supermarkt hilft man dem ___, zum Beispiel Produkte zu finden.
2. Auf dem Sandnerhof arbeitet man mit dem ___ viel draußen.
3. Der Stundenlohn für einen ___ oder Schüler im Eiscafé Ludwig ist 10 Euro.
4. Im Zoo kann man einen ___ oder einen ___ füttern.
5. Für den FerienClub sollte das Alter des ___ oder der Praktikantin mindestens 16 sein.

G

***n*-Deklination**

Einige maskuline Nomen enden immer auf -(*e*)*n*, nur im Nominativ Singular nicht:

Nominativ	der/ein	Kunde
Akkusativ	den/einen	Kunde**n**
Dativ	dem/einem	Kunde**n**
Genitiv	des/eines	Kunde**n**

ebenso: der Junge, der Bär, der Fotograf, der Mensch, der Herr, der Bauer, der Student, der Praktikant, der Elefant …

6 **a** **Lest Sinans Bewerbungsanschreiben. In welcher Reihenfolge stehen die Inhaltspunkte? Ordnet zu.**

✦ A Betreff ✦ B Adresse Empfänger ✦ C Interessen und Motivation für das Praktikum/die Arbeit ✦ D Adresse Absender ✦ E Kenntnisse und Fähigkeiten ✦ F aktuelle Situation ✦ G Zeitraum ✦ H Anrede ✦ I Ort und Datum ✦ J Unterschrift ✦ K Gruß ✦

1 D

1	Sinan Müller – Bärmannstraße 49 – 81245 München – SinanMueller@fmail.de
2	Sandnerhof Herrn Seifert Landstraße 112 85598 Baldham
3	**Bewerbung für ein Schülerpraktikum**
4	München, 20.4. …
5	Sehr geehrter Herr Seifert,
6	hiermit bewerbe ich mich um ein Praktikum auf Ihrem Bauernhof vom 5.6. – 23.6. …
7	Zurzeit besuche ich das Schiller-Gymnasium in München. Ich gehe in die 9. Klasse. In
8	meinem Schülerpraktikum möchte ich sehr gern Erfahrungen in der Landwirtschaft sammeln. Ich interessiere mich sehr für Natur- und Umweltschutz, mag Pflanzen und
9	Tiere, besonders Pferde. Schon seit sechs Jahren reite ich und weiß viel über Pferde. Ich bin zuverlässig und kann Verantwortung übernehmen. Über eine Einladung zum Vorstellungsgespräch würde ich mich sehr freuen.
10	Mit freundlichen Grüßen
11	*Sinan Müller*
	Anlagen: Zeugnis, Lebenslauf

Tipp! Gliedert eure Bewerbung nach Inhaltspunkten, das hilft euch beim Schreiben.

b **Eure Bewerbung – Wählt eine Anzeige aus 5a** oder **sucht selbst im Internet nach einem Angebot und macht für euch Notizen zu den Inhaltspunkten aus 6a.**

c **Schreibt mit euren Notizen eine Bewerbung für den Job oder das Praktikum. Vergleicht eure Texte in der Klasse.**

Eine Bewerbung schreiben

Sehr geehrte Damen und Herren, …
Sehr geehrte/r Herr/Frau …
Hiermit bewerbe ich mich um …
Zurzeit / Im Moment …

Ich interessiere mich für …
Ich bin zuverlässig, …
Über eine positive Antwort / eine Einladung zum Vorstellungsgespräch würde ich mich sehr freuen.

Das muss erledigt werden!

7 a **Seht die Bilder an. Was ist los? Erzählt.**

b **Hört jetzt die Geschichte. Warum freut sich Kim schon auf die Schule?**

c **Hört noch einmal. Was muss im Büro getan werden? Arbeitet zu zweit. Ergänzt die Sätze und lest sie abwechselnd vor.**

Folgende Sachen müssen erledigt werden:

1. Das Büro muss aufgeräumt werden und die Ordner sollen ___ gestellt werden.
2. ___ müssen in Kuverts gesteckt und verschickt werden.
3. ___ müssen angerufen werden.
4. ___ müssen kopiert werden.
5. Die Dokumente müssen zur Sekretärin ___ gebracht werden.
6. ___ kann schon gedruckt werden.
7. ___ darf nicht vergessen werden.

> **G**
>
> **Passiv mit Modalverben**
>
> Passiv:
> Die Briefe müssen zur Post gebracht werden.
>
> Aktiv:
> Man muss die Briefe zur Post bringen.

d **Seht euch die Sätze in 7c noch einmal an. Wie bildet man das Passiv mit Modalverb? Sprecht in der Klasse.**

e **Seht die Bilder an. Was muss getan werden? Ordnet zu und formuliert Passivsätze mit *müssen*.**

✦ staubsaugen ✦ den Müll runterbringen ✦ das Geschirr abwaschen ✦ die Wäsche aufhängen ✦ den Schreibtisch aufräumen ✦

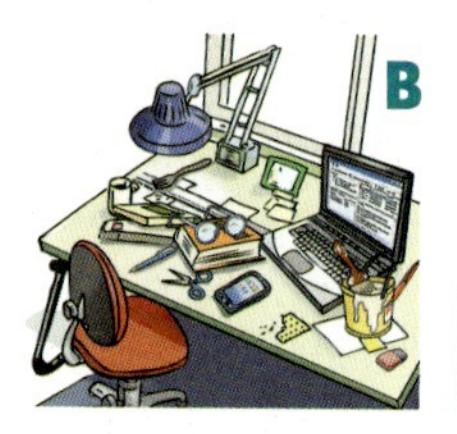

Der Müll muss …

Seit(dem) ich den Beruf besser kenne, ... 10

8 a Rund um die Arbeit – Hört die Statements von fünf Jugendlichen zum Thema. Was berichten sie? Ordnet zu.

2.27

1. Seit Johan den Alltag auf dem Bauernhof kennt,
2. Flo sucht auch eine Arbeit,
3. Seit Clara denken kann,
4. Jeff möchte gern im Feriencamp arbeiten,
5. Seitdem Melissa im Eiscafé jobbt,

A seit er vom Schülerjob seines Freundes weiß.
B will er nicht mehr in dem Bereich arbeiten.
C hat sie weniger Zeit für die Schule.
D ist Tierärztin ihr Traumberuf.
E seitdem er Jobangebote am Meer kennt.

b Seit(dem) ich einen Job habe... – Arbeitet zu zweit. Formuliert Sätze mit *seit(dem)*.

✦ eine neue Lehrerin / einen neuen Lehrer haben ✦ Fan von ... sein ✦ ... kennen ✦ mehr/weniger Sport machen ✦ 14/15/16 sein ✦ einen Schülerjob haben ✦ ein Praktikum suchen ✦ mehr/weniger für die Schule lernen ✦ Deutsch lernen ... ✦

Seit ich einen Schülerjob habe, habe ich endlich genug Geld für ...

G
Temporaler Nebensatz mit *seit(dem)*

Ich möchte Ärztin werden, **seit(dem)** ich 12 bin.

Seit(dem) ich 12 bin, möchte ich Ärztin werden.

9 a Sag mal ... Vokale am Wort- oder Silbenanfang – Hört und lest die Beispiele, achtet auf die markierten Stellen im Wort. Sprecht nach.

2.28

1. alle
2. ich
3. ordentlich
4. die Adresse
5. das Eiscafé
6. unordentlich
7. beachten
8. die Bewerbungsunterlagen

b Hört die Wörter aus 9a noch einmal und sprecht nach. Flüstert.

2.29

c Hört die Beispiele 1 bis 4 in zwei Varianten, A und B. Was ist richtig gesprochen, A oder B?

2.30

1. Verantwortung übernehmen
2. seine Aufgaben erledigen
3. die Anzeige
4. der Arbeitsalltag

Tipp! Bei Vokalen am Wort- oder Silbenanfang spricht man die Wörter oder Silben getrennt.

d Hört die Sätze. Lest sie dann zu zweit. Achtet auf die Aussprache.

2.31

1. Anton arbeitet immer ab acht Uhr.
2. Er erledigt offenbar alle Aufgaben ordentlich.
3. Ella ordnet im Unterricht ihre Unterlagen.
4. Ilvi interessiert eine Arbeit als Architektin.
5. Annabel arbeitet erst mal als Aushilfe im Eiscafé.

e Schreibt zu zweit drei ähnliche Sätze, sie müssen nicht sinnvoll sein. Benutzt viele Wörter mit Vokalen am Anfang. Lest sie dann laut in der Klasse.

Emil erledigt Aufgaben irgendwie immer erst am Abend ab 21:00 Uhr.

10 Freie Wahl – A, B oder C?

A Spielt in Gruppen. Wählt einen Beruf und beschreibt: Wo arbeitet man? Was macht man? ... Die anderen raten. Notiert alle Berufe.

Man arbeitet im Krankenhaus und untersucht Patienten.

Arzt oder Ärztin!

B Recherchiert im Internet einen Beruf, der euch interessiert (Arbeitsalltag, Arbeitsort, Verdienst, Ausbildung ...) und schreibt ein kurzes Berufsporträt. Schreibt auch, warum ihr den Beruf interessant findet.

C Ihr möchtet euch für einen Job oder ein Praktikum bewerben und sollt ein Bewerbungsvideo schicken. Wählt eine für euch interessante Arbeit und dreht ein Handyvideo: Stellt euch vor und sprecht über eure aktuelle Situation, eure Interessen und eure Motivation für die Stelle.

Was kann ich nach Kapitel 10?

Wortschatz / Redemittel

Vorteile und Gründe nennen
Ein positiver Aspekt ist, dass …
… ist ein Vorteil / positiv, denn …
Ein Argument für … ist, dass …

Vermutungen äußern
Ich vermute/glaube/meine, dass …
Vermutlich/Bestimmt …

Zustimmen
Du hast recht. / Stimmt.

Zweifel äußern
Ich habe meine Zweifel, ob … / Da bin ich mir nicht so sicher.

Eine Bewerbung schreiben
Hiermit bewerbe ich mich um …
Zurzeit / Im Moment …
Ich interessiere mich für … Ich bin zuverlässig, …
Über eine positive Antwort / eine Einladung zum Vorstellungsgespräch würde ich mich sehr freuen.

Warum ein Praktikum machen? Formuliert zwei Sätze mit Vorteilen.
praktische Erfahrung – Kollegen/Kunden kennenlernen – arbeiten im Team – Alltag in Firma kennenlernen – …

Vermuten, zustimmen, zweifeln. Sprecht zu zweit.
Praktikum wird super! ☺
Im Praktikum viel Geld verdienen. 😐
Von 10 bis 12 Uhr arbeiten. 😐

Das Praktikum wird bestimmt super.

Da bin ich …

Alles falsch! Sortiert die Sätze. A liest den ersten Satz. B liest weiter.
Über eine positive Antwort würde ich mich freuen. Ich bin zuverlässig und flexibel. Zurzeit gehe ich in die 9. Klasse am Brüder-Grimm-Gymnasium in Köln. Hiermit bewerbe ich mich um ein Praktikum in Ihrer Firma. Ich interessiere mich für Technik und Medien.

Grammatik

Doppelkonnektoren

Ich bewerbe mich **sowohl** bei der Bank **als auch** im Zoo.	A + B
Ich bewerbe mich **nicht nur** bei der Bank, **sondern auch** im Zoo.	A + B
Ich bewerbe mich **weder** bei der Bank **noch** im Zoo.	– A – B
Ich bewerbe mich **entweder** bei der Bank **oder** im Zoo.	A / B

***n*-Deklination**

Nominativ	der/ein	Kunde
Akkusativ	den/einen	Kunde**n**
Dativ	dem/einem	Kunde**n**
Genitiv	des/eines	Kunde**n**

ebenso: der Junge, der Mensch, der Herr, der Student, der Praktikant, der Fotograf, der Praktikant, der Bär, …

Passiv mit Modalverb

Die Briefe müssen zur Post gebracht werden.

Temporaler Nebensatz mit *seit(dem)*

Ich möchte Ärztin werden, **seit(dem)** ich 12 bin.

Seit(dem) ich 12 bin, möchte ich Ärztin werden.

Eure Zukunft – Ergänzt die Sätze und sprecht zu zweit.
1. Ich möchte ___ reich ___ berühmt werden.
2. Ich werde ___ Tierarzt ___ Richter.
3. Ich möchte ___ eine Ausbildung machen ___ studieren.
4. Ich reise ___ ins Ausland ___ ich arbeite in einem Verein.

Ich möchte sowohl …

Mit oder ohne *-n*? Ergänzt, wenn nötig, ein *-n* und kontrolliert zu zweit.
1. Mögt ihr meinen Freund___ Ole?
2. Ich suche meinen Hund___.
3. Wir haben einen Elefant___ gesehen.
4. Kennst du Herr___ Müller?

Was muss gemacht werden? Sprecht zu zweit.
Auto waschen – Haare schneiden – Fahrrad reparieren – Milch kaufen

Das Auto muss …

Was möchtet ihr seit wann? Ergänzt die Sätze zu zweit.
1. Ich ___, seitdem ich zur Schule gehe.
2. Ich ___, seit ich sieben bin.
3. Ich ___, seitdem ich ein Handy habe.
4. Ich ___, seit ich lesen kann.

Wir bewegen etwas!

1 Bundestag

A Eine ___ ist eine Organisation mit einem politischen Programm. Die Bürger können sie wählen.

2 Partei

3 Regierung

B Der/Die ___ wird alle fünf Jahre gewählt. Er/Sie repräsentiert das Land und unterschreibt die Gesetze des Bundestags.

C Personen, die ein politisches Amt haben, nennt man ___.

4 Europäische Union (EU)

D Das Parlament beschließt Gesetze. Seine Mitglieder werden von den Bürgern im Land gewählt. In Deutschland heißt das Parlament ___.

5 Bundespräsident/Bundespräsidentin

E Die ___ besteht aus mehreren Politikern der Parteien, die für 4 Jahre gewählt werden. Dazu gehören z. B. Bundeskanzler/-in und mehrere Minister/-innen.

F In der Bundesrepublik Deutschland gibt es 16 ___.

6 Politiker/Politikerinnen

G Deutschland gehört zusammen mit 26 weiteren Ländern zur ___. Die Hauptstadt ist Brüssel.

7 Bundesländer

1 **a** **Seht die Puzzleteile an und lest die Erklärungen. Was passt zusammen? Überlegt zu zweit, vergleicht dann in der Klasse.**

b **Gibt es auch in eurem Land einen Präsidenten / eine Präsidentin, einen Kanzler / eine Kanzlerin, Bundesländer? Recherchiert und sprecht in der Klasse.**

Eine Kanzlerin haben wir nicht. Der Chef der Regierung ist der Präsident.

c **Welche Wörter aus dem Puzzle kennt ihr schon aus anderen Sprachen? Sammelt in Gruppen.**

Das lernen wir: Politik und politisches System in Deutschland | Ziele ausdrücken | ein Interview verstehen | Folgen ausdrücken | Meinung/Überzeugung ausdrücken | einen Beitrag für die Schülerzeitung schreiben | **Grammatik:** Nebensatz mit *damit* und *um – zu* | Fragewort mit Präposition *worauf/worüber/…?* | Pronomen mit Präposition *darauf/darüber/…* | Nebensatz mit *sodass* / *so – dass* | **Aussprache:** mehrere Konsonanten hintereinander

Ich engagiere mich, damit …

2 **a** **Kim will sich engagieren – Lest den Comic und die Sätze 1 bis 6. Was sagt und denkt Kim bei welchem Bild? Ordnet zu.**

1. Ich will im Wald Müll sammeln, damit der Wald sauber bleibt.
2. Ich will den Bürgermeister auf die Probleme der Radfahrer hinweisen. Er soll sich für mehr Radwege einsetzen.
3. Ach, keine Ahnung. Erst mal chillen. Ich brauche viel Energie für meine Pläne.
4. Ich möchte zur Demo gehen, damit die Politiker endlich auf uns hören.
5. Ich werde Klassensprecherin. Dann engagiere ich mich für meine Klasse.
6. Ich will mich auch engagieren.

b **Was denkt Kim? Was macht sie am Ende? Sprecht zu zweit und erzählt den Comic.**

Kim will sich engagieren.

Sie hat viele Ideen. Sie will …

c **Lest den Grammatikkasten. Was ist die Aktion, was ist das Ziel? Ergänzt.**

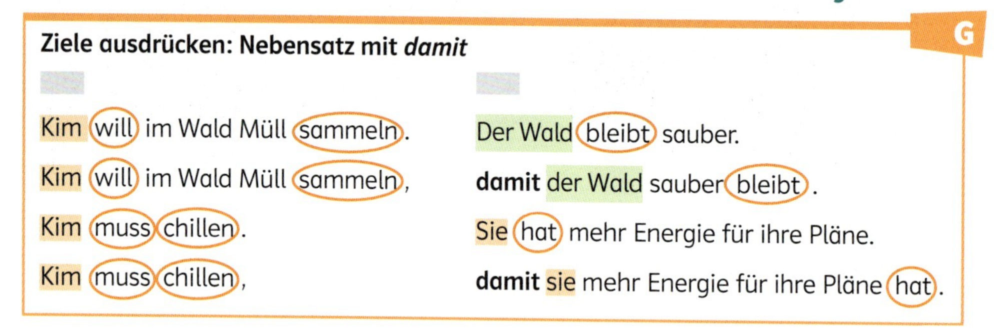

Ziele ausdrücken: Nebensatz mit *damit* G

Kim will im Wald Müll sammeln.	Der Wald bleibt sauber.
Kim will im Wald Müll sammeln,	**damit** der Wald sauber bleibt.
Kim muss chillen.	Sie hat mehr Energie für ihre Pläne.
Kim muss chillen,	**damit** sie mehr Energie für ihre Pläne hat.

d **Welche Ziele haben Kim, Marie und Henri? Ordnet zu und formuliert Sätze mit *damit*. Sprecht zu zweit und schreibt die Sätze dann ins Heft.**

1. Kim möchte den Bürgermeister auf die Probleme der Radfahrer hinweisen.
2. Kim will Klassensprecherin werden.
3. Kim muss chillen.
4. Marie will Mitglied in einer Umweltgruppe werden.
5. Henri informiert seine Freunde über die Fahrraddemo.

A Sie kann sich mehr für die Umwelt engagieren.
B Er engagiert sich für mehr Radwege.
C Alle kommen mit dem Rad und fahren mit.
D Sie hat mehr Energie für ihre Pläne.
E Sie kann sich für ihre Klasse einsetzen.

Kim möchte den Bürgermeister auf die Probleme der Radfahrer hinweisen, damit er …

3 a **Klassensprecher – Welche Eigenschaften müssen sie haben? Welche Aufgaben haben sie? Ergänzt in Gruppen.**

b **Arbeitet in Gruppen und einigt euch auf die drei wichtigsten Eigenschaften und Aufgaben. Vergleicht dann eure Ergebnisse in der Klasse.**

Ich finde es am wichtigsten, dass sie mutig sind und ...

c **Hört eine Schulhofumfrage zum Thema Klassensprecher. Welche Aufgaben und Ziele nennen Florian und Clara? Wählt aus.**

✦ A Mitschülern bei Problemen mit den Lehrern helfen ✦ B die Klassenversammlung leiten ✦ C mit den Lehrern und dem Direktor über das Thema Lieblingsschüler sprechen ✦ D sich für gerechtere Noten einsetzen ✦ E die Atmosphäre in der Klasse verbessern ✦ F für besseres Essen in der Mensa kämpfen ✦ G für mehr Parkplätze für Mofas und Motorroller kämpfen ✦ H interessante Projekte vorschlagen und organisieren ✦

G11 **d** **Wozu wollte Florian Klassensprecher werden? Formuliert Sätze mit *um – zu*. Sprecht in Gruppen und schreibt dann die Sätze ins Heft.**

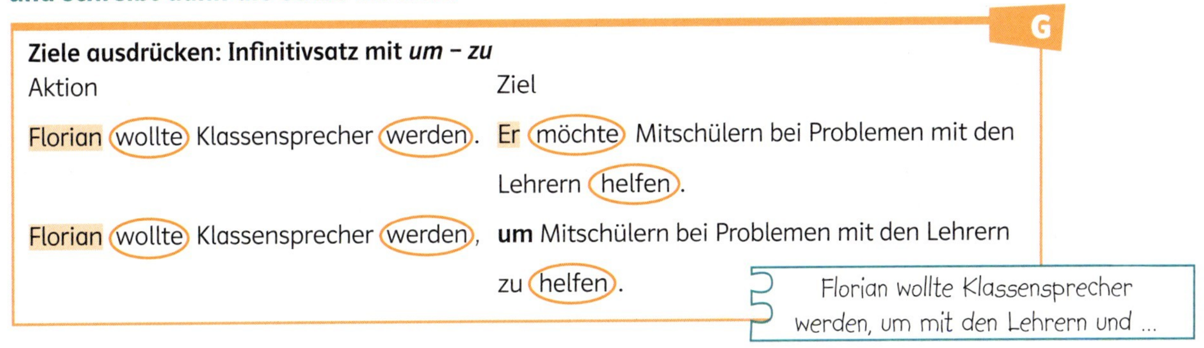

G

Ziele ausdrücken: Infinitivsatz mit *um – zu*

Aktion	Ziel
Florian wollte Klassensprecher werden.	Er möchte Mitschülern bei Problemen mit den Lehrern helfen.
Florian wollte Klassensprecher werden,	um Mitschülern bei Problemen mit den Lehrern zu helfen.

Florian wollte Klassensprecher werden, um mit den Lehrern und ...

e **Und ihr? – Ergänzt die Sätze mit *damit* oder *um – zu*. Werft eine Münze. Kopf = *damit*, Zahl = *um – zu*.**

Ich engagiere mich für die Umwelt, ...
Ich mache meine Hausaufgaben, ...
Ich bespreche Probleme mit meinen Eltern, ...
Ich helfe meiner Freundin bei Chemie, ...
Ich spare mein Taschengeld, ...
Ich beteilige mich am Unterricht, ...

Ich engagiere mich für die Umwelt, damit wir auch in Zukunft gut auf der Erde leben können.

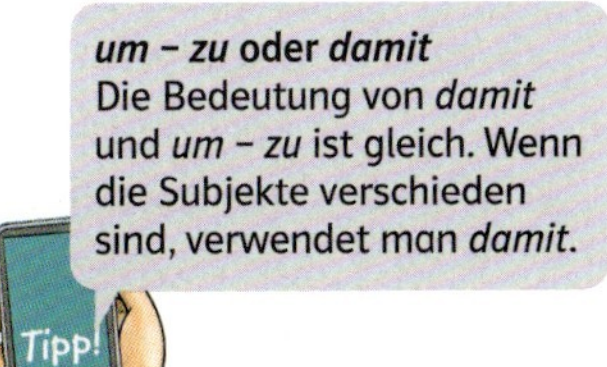

um – zu* oder *damit
Die Bedeutung von *damit* und *um – zu* ist gleich. Wenn die Subjekte verschieden sind, verwendet man *damit*.

Wofür interessierst du dich?

W-Fragen helfen dir, die wichtigsten Informationen eines Textes zu verstehen.

Tipp!

4 a Arbeitet zu dritt. Jeder liest einen Text und notiert die wichtigsten Informationen: Wer? Was? Warum? ...

Emma, 9. Klasse

Vor einem halben Jahr wurde an meiner Schule eine Öko-Gruppe gegründet und da bin ich aktiv. Ich denke oft über die Zukunft nach und es macht mir ein bisschen Angst, was mit unserer Natur passiert. Sie wird immer mehr zerstört. In der Umweltgruppe überlegen wir, wie die Schule umweltfreundlicher wird. Unser Ziel ist es, die Auszeichnung „Umweltschule in Europa" zu erhalten. Eine Idee ist, dass 5 es in jeder Klasse zwei „Umweltchefs" geben soll. Sie kontrollieren, dass das Licht nach dem Unterricht ausgemacht wird oder die Heizung nicht läuft, wenn das Fenster auf ist. Und wir haben uns entschlossen, den Müll in der Schule zu reduzieren, und suchen nach Ideen, wie man weniger Papier verbrauchen kann. Ich ärgere mich über Schüler, denen das völlig egal ist und die keine Rücksicht nehmen, also z. B. ihren Müll einfach auf die Straße werfen. Aber ich 10 freue mich über die ganzen positiven Rückmeldungen, die wir bekommen, und hoffe, dass sich in Zukunft noch mehr Menschen für die Umwelt einsetzen werden. Wir müssen endlich aufwachen und mehr tun!

Tarik, 10. Klasse

Ich wollte irgendetwas Sinnvolles tun und als meine Tanzlehrerin mich gefragt hat, ob ich bei dem Projekt mitmachen will, habe ich sofort Ja gesagt. Ich interessiere mich schon lange für Musik und Tanz und mache seit Jahren Hip-Hop. Jetzt gehen wir einmal pro Woche in eine Flüchtlingsunterkunft, bringen Musik und Lautsprecher mit und üben mit 5 den Kindern Hip-Hop. Es ist schön zu sehen, wie viel Freude es den Kindern macht, wenn sie etwas Neues gelernt haben und Fortschritte machen. Ich glaube, das Tanzen macht sie fröhlicher und selbstbewusster. Wir loben die Kinder auch oft. Natürlich ist es auch nicht immer einfach, aber dann kann ich mit dem Betreuer des Projekts, einem Sozialarbeiter, sprechen. Zusammen fallen uns oft gute Lösungen ein. Ich will später auch 10 beruflich etwas mit Tanz machen. Ich träume von einer eigenen Tanzschule und da ist die Arbeit mit den Kindern schon mal eine gute Erfahrung. Außerdem finde ich, jeder sollte etwas für die Gesellschaft tun.

Greta, 9. Klasse

Ich bin jetzt in der neunten Klasse und seit diesem Schuljahr sogenannte Tutorin. Ich kümmere mich zusammen mit drei anderen Tutoren um eine 5. Klasse. Die Kinder sind dieses Jahr neu an unsere Schule gekommen und ich kann mich noch gut an meine Anfangszeit hier in der Schule erinnern. Man kennt fast niemanden, das Gebäude ist so groß und man 5 hat plötzlich viele neue Fächer. Alles ist ganz anders als in der Grundschule. Deshalb sind Tutoren hier an der Schule üblich. Wir helfen den Fünftklässlern und unterstützen sie. Wir unternehmen in der Freizeit viel mit ihnen, sodass sie sich auch untereinander besser kennenlernen. Und auch in der Schule können sie in den Pausen immer zu uns kommen, wenn sie Hilfe brauchen oder Fragen haben. Mir macht das Spaß und ich freue mich 10 schon auf den Ausflug, den wir morgen zusammen machen. Wir gehen zum Bowling und hinterher Eis essen.

b Schließt die Bücher und berichtet den anderen über eure Person.

c Lest jetzt alle Texte. Lest dann abwechselnd die Fragen vor. Die anderen antworten.

1. Worüber denkt Emma oft nach?
2. Wofür interessiert sich Tarik?
3. Um wen kümmert sich Greta?
4. Über wen ärgert sich Emma manchmal?
5. Mit wem spricht Tarik, wenn es Probleme gibt?
6. Woran erinnert sich Greta gut?
7. Worüber freut sich Emma?
8. Wovon träumt Tarik?
9. Worauf freut sich Greta?

Worüber denkt Emma oft nach?

Sie denkt oft über die Zukunft nach.

d **Welches Engagement findet ihr am interessantesten? Wo könntet ihr euch engagieren? Sprecht zu dritt.**

5 a **Formuliert fünf Fragen und macht ein Interview mit einem Partner / einer Partnerin. Berichtet dann in der Klasse.**

✦ träumen von ✦ denken an ✦ sich freuen auf/über ✦ sich interessieren für ✦ sich ärgern über ✦ sich kümmern um ✦ sich erinnern an ✦ nachdenken über ✦ sprechen mit/über ✦ sich streiten mit/über ✦

Über wen ärgerst du dich oft?

Ich ärgere mich manchmal über meinen Bruder. Und du?

G

Fragewörter mit Präposition

Dinge/Ereignisse
Worüber denkst du oft nach?
Wofür interessierst du dich?

Personen
Über wen ärgerst du dich oft?
Mit wem sprichst du über Probleme?

Wenn die Präposition mit einem Vokal beginnt, brauchst du ein r → worüber, woran, worauf, …

b **Lest die Meinungen im Schülerforum. Wofür stehen die markierten Wörter? Sprecht in der Klasse.**

Viele in meiner Klasse interessieren sich nicht für Politik. Ich finde Politik wichtig und denke, Jugendliche sollten sich **dafür** interessieren. Wie soll man sonst mit 18 wählen, wenn man keine Ahnung hat? *Karl, 17*

Der Klimawandel ist für uns Jugendliche eindeutig ein wichtiges Thema und wir sollten auch in der Schule mehr **darüber** diskutieren. Dann können wir auch überlegen, was wir **dagegen** machen können. *Ella, 15*

Schule und gute Noten sind wichtig. **Darum** müssen sich Schüler kümmern. Da bleibt keine Zeit mehr, sich irgendwo zu engagieren. Das kann man auch später noch machen. *Zoe, 18*

Jede Schule braucht Schulkonferenzen. **Daran** sollten Schüler, Lehrer und die Schulleitung teilnehmen. Schüler sollen gleichberechtigt sein und mitbestimmen dürfen. Und zusammen kann man überlegen, was man in der Schule verbessern kann. *Ilias, 16*

Das Wort „dafür“ steht für Politik.

c **Diskutiert über die Meinungen in 5b. Wen versteht ihr am besten, wen am wenigsten? Begründet.**

d **Arbeitet zu viert und ergänzt die Fragen. Schreibt sie auf Karten. Jeder wählt zwei Fragen. Geht durch die Klasse und fragt euch gegenseitig, tauscht dann eure Karten. Antwortet mit Pronomen.**

1. Interessierst du dich für …?
2. Träumst du manchmal von …?
3. Freust du dich auf …?
4. Denkst du oft über … nach?
5. Diskutierst du mit … über …?
6. Ärgerst du dich manchmal über …?
7. Kümmerst du dich gern um …?
8. Erinnerst du dich an …?

G

Pronomen mit Präposition

Dinge/Ereignisse
Interessierst du dich für Politik?
Politik? **Dafür** interessiere ich mich nicht.

Personen
Diskutierst du oft mit deinen Freunden?
Natürlich diskutiere ich oft **mit ihnen**.

e **Was ist eure Meinung zum Thema Politik und/oder Engagement? Schreibt einen kurzen Text wie die Schüler in 5b.**

Aktiv im Jugendparlament

6 a Jugendparlament – Was macht ein Jugendparlament? Sammelt in der Klasse Vermutungen.

b Hört das Interview mit Adelina. Notiert die Antworten auf die Fragen und vergleicht in der Klasse.

1. Wo gibt es Jugendparlamente?
2. Wie viele Mitglieder hat das Jugendparlament?
3. Wie wird man Mitglied im Jugendparlament?
4. Was macht man im Jugendparlament?
5. Warum ist Adelina im Jugendparlament aktiv?
6. Was will das Jugendparlament in Adelinas Stadt verändern?

c Ein Schüler / Eine Schülerin aus eurer Klasse hat nicht zugehört. Fasst zu zweit die wichtigsten Informationen aus dem Interview für ihn/sie in eurer Muttersprache zusammen.

d Was würdet ihr in eurer Stadt für Jugendliche verbessern? Sammelt in Gruppen Ideen und erstellt ein Plakat. Präsentiert eure Ideen in der Klasse.

7 a Die Sportanlage ist so alt, dass ... – Arbeitet zu zweit und lest die Sätze abwechselnd. Was passt zusammen?

1. Die Sportanlage im Park ist so alt,
2. Wir haben kein Jugendzentrum,
3. Die Preise für Kinos und Konzerte sind so hoch,
4. Wir haben in der ganzen Stadt zu wenig Radwege,
5. Das Hallenbad ist so klein,
6. Wir möchten modernere Schulen,

A dass viele Jugendliche sie sich nicht leisten können.
B sodass Lernen mehr Spaß macht.
C dass es nicht genug Platz für alle gibt.
D dass man sie nicht mehr nutzen kann.
E sodass Fahrradfahren gefährlich ist.
F sodass die Jugendlichen keinen Treffpunkt haben.

G

Folgen ausdrücken: Nebensatz mit *sodass* / *so – dass*

Wir haben kein Jugendzentrum, **sodass** die Jugendlichen keinen Treffpunkt haben.

Die Sportanlage ist **so** alt, **dass** man sie nicht mehr nutzen kann.
(Adjektiv)

b **Probleme in der Schule – Arbeitet zu zweit und ergänzt die Sätze. Sprecht zuerst und schreibt die Sätze dann ins Heft.**

1. Der Sportplatz ist so alt, dass …
2. Das Essen in der Mensa ist nicht gut, sodass …
3. Es gibt zu wenige Abfalleimer auf dem Schulhof, sodass …
4. In manchen Räumen hört man den Straßenlärm so laut, dass …
5. Tablets sind so teuer, dass …

8

In einem Internetforum gibt es eine Diskussion zum Thema „Politik und Jugendliche". Schreibt einen Beitrag für die Schülerzeitung eurer Schule.

Nora: Ich finde es wichtig, dass sich auch junge Leute für Politik interessieren. Sonst weiß man ja gar nicht Bescheid, wenn man 18 ist und wählen darf.

Till: Wenn man sich für nichts interessiert und sich nicht engagieren will, dann braucht man sich auch nicht zu beschweren. Man kann Dinge nur verändern, wenn man etwas tut. Das steht fest.

Anna: Ich bin an unserer Schule aktiv und versuche, mit anderen Schülern gemeinsam Dinge zu verbessern. Natürlich ist das auch Arbeit, aber man kann zusammen auch etwas erreichen.

Tomas: Ich finde Politik langweilig und interessiere mich überhaupt nicht dafür. Das entscheiden ja sowieso alles die Erwachsenen. Jugendliche können da nicht mitreden.

Bearbeitet in eurem Beitrag die folgenden drei Punkte:

- Gebt alle vier Aussagen aus dem Internetforum mit eigenen Worten wieder.
- Interessieren sich die Jugendlichen in eurem Land für Politik?
- Wie ist eure Meinung dazu? Begründet eure Meinung ausführlich.

Seine Meinung/Überzeugung ausdrücken

Ich bin überzeugt, dass …	Ich bin ganz sicher, dass …	Ich stehe auf dem Standpunkt, dass …
Es ist klar, dass …	Ich halte es für richtig/falsch, dass …	

9

2.34

a **Sag mal … Mehrere Konsonanten hintereinander – Hört und sprecht nach.**

der Lieblin**gsschü**ler – der Fü**nftkl**ässler – je**tzt** – das Mi**tgl**ied – die Bundeska**nzl**erin – der Rei**chst**ag – die E**ntsch**uldigung – der Pa**rkpl**atz

b **Kennt ihr noch mehr Wörter mit drei oder mehr Konsonanten hintereinander? Sammelt zu zweit fünf weitere Wörter und schreibt sie auf Karten. Übt die Wörter.**

c **Tauscht eure Karten mit einem anderen Paar und übt die neuen Wörter.**

10

Freie Wahl – A, B oder C?

A Spielt in der Gruppe. A beginnt einen Satz und wirft einen Ball zu B. B beendet den Satz mit *damit* oder *um – zu*. Dann wirft B den Ball usw.

Ich lerne die Wörter,

damit ich eine gute Note bekomme. Ich …

B Wörter raten – Sucht Wörter aus dem Kapitel. Schreibt dann die Wörter abwechselnd langsam an die Tafel. Die anderen raten. Wer weiß das Wort zuerst?

C Verbesserung des Schulalltags. Wählt ein Thema und diskutiert in Gruppen.
- Angebote für die Mittagspause (Sport, Entspannung, …)
- Schönere Klassenzimmer
- Hilfe für schwache Schüler
- …

Was kann ich nach Kapitel 11?

Wortschatz / Redemittel

Politik in Deutschland
die Politik, der Politiker / die Politikerin, die Partei, die Bundesrepublik, die Regierung, das Parlament, der Bundestag, das Gesetz, der Bundeskanzler / die Bundeskanzlerin, derBundespräsident / die Bundespräsidentin, das Bundesland, die Europäische Union (EU)

Schreibt fünf Wörter, die mit *Bundes-* anfangen.

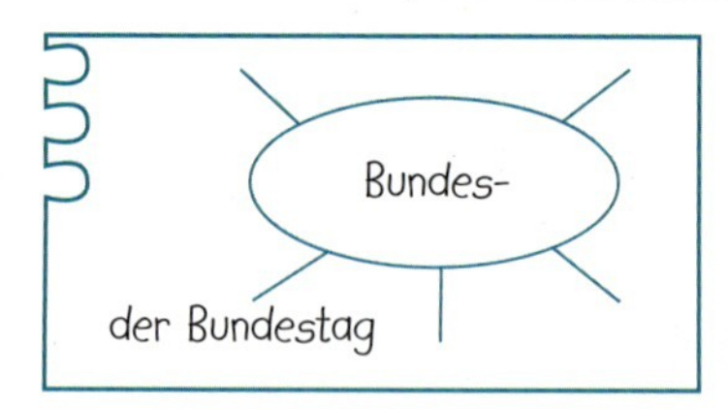

Seine Meinung/Überzeugung ausdrücken
Ich bin überzeugt, dass …
Es ist klar, dass …
Ich bin ganz sicher, dass …
Ich halte es für richtig/falsch, dass …
Ich stehe auf dem Standpunkt, dass …

Sich in der Schule engagieren – Sagt eure Meinung.

Ich bin überzeugt, dass alle Schüler …

Grammatik

Ziele ausdrücken: Sätze mit *damit* und *um – zu*

Kim will im Wald Müll sammeln, **damit** der Wald sauber bleibt.

Florian wollte Klassensprecher werden, **um** Mitschülern **zu** helfen.

Bildet Sätze mit *damit* oder *um – zu*.
1. Ich lerne Deutsch. Ich studiere später in Deutschland.
2. Ich bringe meiner kranken Freundin viel Obst mit. Sie wird schnell wieder gesund.
3. Ich lerne viel. Ich bekomme eine Eins im Test.

Fragewörter mit Präposition
Dinge/Ereignisse
Worüber denkst du oft nach?
Personen
Mit wem sprichst du über Probleme?

Ergänzt die Fragen. Fragt und antwortet abwechselnd.
1. ___ interessierst du dich?
2. ___ diskutierst du oft?
3. ___ hast du dich heute geärgert?
4. ___ musst du dich heute noch kümmern?

Pronomen mit Präposition
Dinge/Ereignisse
Politik? **Dafür** interessiere ich mich nicht.
Personen
● Diskutierst du oft mit deinen Freunden?
○ Natürlich diskutiere ich oft **mit ihnen**.

Antwortet mit Pronomen + Präposition.
1. Denkst du oft über Umweltprobleme nach?

Umweltprobleme? Darüber denke ich nicht nach.

2. Erinnerst du dich an Lisas Party?
3. Freust du dich schon auf den Schulausflug?

Folgen ausdrücken: Sätze mit *sodass* / *so – dass*

Wir haben kein Jugendzentrum, **sodass** die Jugendlichen keinen Treffpunkt haben.

Die Sportanlage ist **so** alt, **dass** man sie nicht mehr nutzen kann.

Verbindet die Sätze.
1. Wir haben so viele Hausaufgaben. Wir können nicht chillen.
2. Wir haben keine Hausaufgaben. Wir haben viel Zeit für unsere Hobbys.

Ist das Kunst oder ...? 12

Jannik skatet

Paula lernt, Porträts zu zeichnen

Mia fotografiert und filmt

Sinan sprayt in der Schul-AG Graffiti

Sophie tanzt

Florian spielt Gitarre und schreibt Songs

1 **a** **Seht die Fotos an. Ist das für euch Kunst? Warum (nicht)? Begründet eure Meinung.**

Ich finde, Skaten ist Kunst. Die Tricks sind total ...

2.35

b **Hört die Statements. Was sagen die Jugendlichen selbst über ihre Hobbys?**

Jannik findet, dass Skaten ...

c **Was ist noch alles Kunst? Welche Kunstformen mögt ihr gern, was macht ihr selbst? Sprecht in Gruppen.**

d **Arbeitet zu zweit. Wählt eine Kunstform, die ihr gern mögt, und schreibt zu diesem Wort ein Wortgedicht wie im Beispiel. Präsentiert das Ergebnis in der Klasse.**

Also, Comics lese ich gewöhnlich auf der Couch. Ich lese oft Comics.

C ouch
O ft
M ...
I ...
C ...
S ...

Das lernen wir: über Kunst sprechen und ein Bild beschreiben | (irreale) Vergleiche äußern | über einen literarischen Text sprechen | eine Schulumfrage verstehen | Einschränkungen ausdrücken | **Grammatik:** *als ob* + Konjunktiv II | Doppelkonnektoren: *je – desto/umso* | *zwar – aber* | *lassen* + Infinitiv | **Ausspräche:** Satzmelodie bei *zwar – aber*, *je – desto/umso*

Sieh mal ...

2 a Seht das Bild an und überlegt euch einen Titel.

b Lest jetzt die Sätze 1 bis 8. Richtig oder falsch? Korrigiert die falschen Sätze.

1. Im Vordergrund geht eine Frau mit Fahrrad.
2. Die Frau in der Mitte trägt drei Taschen.
3. Die Leute auf dem Bild tragen warme Kleidung.
4. Im Hintergrund sieht man Häuser.
5. Auf der Straße sieht man nur wenige Menschen.
6. Links stehen zwei Jungen und unterhalten sich.
7. Vorne links geht ein Mädchen mit einem Rucksack.
8. Auf dem Bild gibt es keine Hunde.

Positionen nennen

im Hintergrund / hinten

links — in der Mitte — rechts

im Vordergrund / vorn(e)

c Ein Bild beschreiben. Was könnt ihr sehen und entdecken? Sprecht zu zweit über das Bild in 2a und ordnet zu. Manchmal gibt es mehrere Möglichkeiten.

1. Das Bild zeigt …
2. Rechts …
3. Das Bild sieht so aus, als ob …
4. Auf dem Bild erkennt man, dass …
5. Die Personen auf dem Bild …
6. In der Mitte sieht man …
7. Links …
8. Wenn man genau hinsieht, dann …
9. Man hat das Gefühl, als ob …
10. Im Hintergrund sieht man …
11. In der Mitte …

A bunte Häuser.
B eine Frau mit Taschen, die es eilig hat.
C erkennt man Striche und Farben.
D es eine Fotografie wäre.
E es warm ist.
F gehen die Leute in der Sonne.
G geht eine Frau in einem rosa Kleid.
H man selbst auf der Straße stehen würde.
I steht ein Paar.
J tragen Sommerkleidung.
K viele Menschen in der Stadt.

Das Bild zeigt viele Menschen in der Stadt.

d **Wählt eine Person aus. Überlegt euch Antworten zu den W-Fragen und macht Notizen. Schreibt dann einen kurzen Text über eure Person aus dem Bild.**

Wie alt ist er/sie?

Was macht er/sie in der Stadt?

Woher kommt er/sie gerade?

Wohin will er/sie gehen?

Was denkt/sagt/... er/sie?

A

B

C

Das ist Eva. Eva ist 10 Jahre alt. Heute ist sie mit der U-Bahn in die Stadt gefahren, weil sie ...

Es sieht so aus, als ob ...

3 **a** **Wofür verwendet man *als ob* ...? Wählt A oder B und begründet.**

Das Bild sieht so aus, als ob es ein Foto wäre.

A Das Bild ist wirklich ein Foto.
B Das Bild ist kein Foto.

Man hat das Gefühl, als ob man selbst auf der Straße stehen würde.

A Man steht tatsächlich auf der Straße.
B Man steht nicht auf der Straße.

G

Irreale Vergleiche ausdrücken mit *als ob* + Konjunktiv II

1. Man hat das Gefühl, **als ob** die Szene leben **würde**. (Sie lebt aber nicht.)
2. Es sieht so aus, **als ob** die Menschen lebendig **wären**. (Sie sind es aber nicht.)

Irreale Vergleichssätze stehen nach Verben des Fühlens, Wahrnehmens und Verhaltens: Ich fühle mich, ... / Es hört sich so an, ... / Er benimmt sich, ...

b **Ergänzt die Sätze und sprecht zu zweit.**

A

Unser Kunstlehrer benimmt sich immer, als ob ...

B

Dein Elefant sieht aus, als ob ...

C

Der Schauspieler tut so, als ob ...

D

Jasmin zieht sich immer an, als ob ...

Lust auf Lesen?

4 **a** **Lest ihr gern? Was lest ihr gern? Berichtet.**

b **Hört die Umfrage. Was sagen die Jugendlichen zum Thema Lesen? Ordnet zu.**

1. Anja: **Je** mehr Bücher wir im Unterricht lesen,
2. Damir: **Je** länger ich in einem Buch lese,
3. Celia: **Je** mehr ich über ein Buch weiß,
4. Konrad: **Je** mehr Zeit ich habe,

A **desto** mehr fühle ich wie die Figuren.
B **desto** weniger Spaß habe ich an Literatur.
C **desto** öfter lese ich.
D **desto** interessanter finde ich es.

c **Und ihr? Ergänzt zu zweit. Sprecht die Sätze und schreibt sie dann ins Heft.**

✦ länger ✦ lieber ✦ mehr ✦ weniger ✦ spannender ✦ interessanter ✦ langweiliger ✦ müder ✦ … ✦

1. Je dicker das Buch ist, desto …
2. Je mehr Bücher wir in der Schule lesen müssen, desto …
3. Je mehr ich über den Autor / die Autorin weiß, desto …
4. Je spannender ein Buch ist, desto …
5. Je länger ich nachts lese, desto …
6. Je toller ich den Held / die Heldin finde, desto …

G

Vergleiche ausdrücken: Doppelkonnektor *je – desto/umso*

Je dicker das Buch ist, **desto anstrengender** finde ich das Lesen.

Achtung! Nach *je* und *desto/umso* steht immer der Komparativ.

Je dicker das Buch ist, desto weniger interessiert es mich.

Echt? Ich mag dicke Bücher.

5 **a** **Lest die Buchbeschreibung und seht das Buchcover an. Welche Informationen bekommt ihr? Sammelt und sprecht in der Klasse.**

In „Morgen ist woanders" erzählt die Österreicherin Elisabeth Etz vom 17-jährigen Jakob. Seine Eltern leben getrennt. Mart, der neue Partner seiner Mutter, nervt ihn so, dass Jakob irgendwann einfach wegläuft. Zuerst geht er zu seinem Vater, doch der will nichts von ihm wissen. Trotzdem erzählt Jakob zu Hause, dass er ab jetzt bei ihm wohnt. Auch bei Freunden kann er nicht bleiben. Wohin also? Im Internet findet er die Lösung. Couchsurfing. Jakob nennt sich Jeremy, zumindest in der Online-Community *It's Your Home*, wenn er bei fremden Menschen eine Unterkunft sucht. So gelingt ihm das Weglaufen in der eigenen Heimatstadt Wien.

Am Tag ist alles wie gewohnt. Jakob ist Jakob, geht zur Schule, lernt und bekommt gute Noten. Aber danach ist Jakob Jeremy, schläft hier und dort und hat ein aufregendes Leben. Nadine aus der Parallelklasse interessiert sich plötzlich für ihn, weil er so viele Abenteuer erlebt. In der Schule wetten die Klassenkameraden, ob Jakob/Jeremy dieses Doppelleben bis zu den Sommerferien schafft. Das neue Leben ist jedoch nicht nur toll, Jakob kommt schnell an Grenzen. Das Spiel mit den zwei Persönlichkeiten wird zu einer großen Herausforderung. Er hat Geldsorgen und fürchtet, dass seine Mutter die Wahrheit bemerkt. Außerdem gibt es immer öfter Nächte, in denen er nirgendwo einen Platz zum Schlafen findet.

Über einen literarischen Text sprechen

Der Titel des Buches ist …	In dem Text/Buch/Roman geht es um …	Zuerst … Dann …
Der Autor / Die Autorin heißt …	Dieser Text handelt von …	
… hat das Buch geschrieben.	Die Hauptfigur / Der Held / Die Heldin ist …	

Die Autorin Elisabeth Etz hat …

b **Findet ihr das Thema interessant? Warum (nicht)? Sprecht zu zweit.**

c **Welches Buch habt ihr zuletzt gelesen? Macht Notizen. Beschreibt dann einem Partner / einer Partnerin das Buch auf Deutsch.**

Titel: Autor(in): Hauptfigur(en): Handlung:

d Schreibt eine kurze Zusammenfassung zu eurem Buch auf Deutsch.

6 a **Lest eine Textstelle aus dem Roman „Morgen ist woanders" und antwortet auf die Fragen 1 bis 4. Vergleicht in der Klasse.**

1. Wo sind Jakob und Lukas?
2. Wie lebt Jakob im Moment?
3. Wie findet Lukas das?
4. Was denkt Jakob über sich selbst?

Inzwischen sind wir alleine in der Aula.
„So", sagt Lukas. „Wer ist Andi? Was willst du mir erzählen?" Ich sehe auf die Uhr. Wir kommen zu spät. „Bei dem wohn ich grad", erkläre ich, während ich langsam in Richtung Klasse gehe. „Wie, wohnst du grad? Ist Andi der Neue deiner Mutter? Hat sie Mart endlich rausgeschmissen?" Bei dem
5 Gedanken muss ich lachen. „Schön wär's, aber das macht die doch nie. Ich habe mich selbst rausgeschmissen. Quasi. Und jetzt wohn ich bei Andi. Sagt dir *It's Your Home* was?"
„Schon mal gehört." Und anstatt mich zu beeilen, um nicht allzu spät nach dem Läuten in der Klasse zu sein, erzähle ich Lukas von *IYH*, Jeremy und Andi *blueballoon*. Davon, dass ich nicht mehr nach Hause zurückgehe. Meinen Vater erwähne ich nicht. (...)
10 „Ich glaub's nicht. Das ist sowas von genial. (...) Wie fällt einem so etwas ein?"
Das weiß ich eigentlich auch nicht. Wie fällt einem so etwas ein?
„Da muss man schon verdammt cool sein." (...)
„Wie lange willst'n das durchhalten?"
„Puh, frag mich das nicht. Ich schau mal, wie's läuft. Momentan läuft's ziemlich gut."
15 Lukas sieht mich anerkennend an. „Ich hätte mir echt nicht gedacht, dass ..."
„Was hättest du nicht gedacht?"
Er sieht zu Boden. (...) Ich weiß, was ihm auf der Zunge liegt. (...) „Dass so einer wie ich so was macht", vervollständige ich den Satz. „Meinst du das?"
Lukas nickt verlegen. „Also nicht, dass du sonst nicht cool bist."
20 Aber genau das ist es. Ich bin nicht cool. Ich bin nichts Besonderes. War ich nie. War immer der, der halt so mitläuft bei allem. Bis jetzt.

b **Lest einen weiteren Textabschnitt. In welcher Situation ist Jakob/Jeremy? Sprecht in der Klasse.**

Um halb eins spuckt das Kino mich mitsamt meinem großen Rucksack aus. (...) Ratlos stehe ich vor dem Kino und betrachte die Schneeflocken, die nicht aufhören wollen, langsam und leise vom Himmel zu fallen. Jeremy würde sich über den Schnee freuen. (...) Wäre Wochenende, könnte ich die ganze Nacht U-Bahn fahren. Aber unter der Woche geht um halb eins die Letzte und alle Statio-
5 nen werden zugesperrt. Ich reibe mir die Hände und schüttle mich. Irgendwo muss ich hin. Wenn ich hier noch weiter rumstehe, verkühle ich mich womöglich noch. Ich sollte mir nicht überlegen, was Jakob jetzt machen würde, der einfach nur ein warmes Bett will und keines hat, sondern was Jeremy jetzt macht. Jeremy ist erst seit kurzem in Wien. Es ist nach Mitternacht und die Stadt liegt still und weiß vor ihm. Es gibt keinen schöneren Moment, um Sightseeing zu machen, oder?
10 Schließlich ist er nur wenige Minuten von der Ringstraße mit ihren Prachtbauten entfernt. (...)
Ich lächle. Die Idee gefällt mir. (...) Vergesse, dass mir kalt ist, ich müde bin und sauer auf Lukas. Weil Jeremy sein Handy aus der Jackentasche zieht und zu fotografieren beginnt. (...)
Ich habe alle Zeit der Welt, um die besten Nacht-Schnee-Fotos zu machen. Sieben Stunden, um genau zu sein. Dann muss Jakob in der Schule sitzen.

c **Lest noch einmal und sucht: Was fühlt Jakob in dem Moment, was fühlt Jakob als Jeremy? Macht zu zweit Notizen. Vergleicht dann in der Klasse.**

Jakob:	ratlos, er friert, ...
Jeremy:	

d **In Jakobs Klasse läuft eine Wette: Schafft er es, sein Doppelleben bis zu den Sommerferien zu führen? Was denkt ihr? Überlegt euch in Gruppen ein Ende und erzählt es in der Klasse.**

Die Kunstwoche

7 **a** **Kunst in der Schule – Seht die Bilder zu den Projekten an. Welche Wörter passen zu den Aktivitäten? Erklärt die Wörter zu zweit, benutzt auch das Wörterbuch. Ordnet dann zu und vergleicht in der Klasse.**

✦ die Maschine ✦ die Akrobatik ✦ der Beat ✦ die Figur ✦ das Werkzeug ✦ die Bühne ✦ der Stein ✦ die Rolle ✦ das Studio ✦ die Skulptur ✦ das Kostüm ✦ die Aufnahme ✦ die Probe ✦ der Zirkus ✦ der Rap ✦ das Theaterstück ✦

Deniz

A

B

Johann

C

Natalie

D

Jessy

b **Hört die Umfrage im Schulradio. Wer macht welches Projekt? Wie hat es den Schülerinnen und Schülern gefallen? Warum? Macht Notizen.**

Wer?	Was?	Wie gefallen?	Warum?
Johann	ein Theaterstück aufführen		

c **Vergleicht und ergänzt eure Notizen zu zweit. Welches Projekt findet ihr am besten? Welche Projekte sollte man in einer Kunstwoche zusätzlich anbieten? Sprecht in der Klasse.**

8 **a** **Zwar nett, aber langweilig – Lest die Sätze. Zu welcher Person aus 7b passen die Aussagen?**

1. Sie fand die Übungen zwar ganz nett, aber auch langweilig.
2. Ihm gefällt sein Projekt zwar, aber sie hatten zu wenig Zeit.
3. Es war zwar viel Arbeit, aber es hat ihr viel Spaß gemacht.
4. Sie brauchten zwar viele Proben, aber jetzt ist der Rap richtig gut.

G

Einschränkungen ausdrücken: Doppelkonnektor *zwar – aber*

Die Übungen waren ganz nett. Manchmal waren sie auch langweilig.

Die Übungen waren **zwar** ganz nett, **aber** manchmal waren sie auch langweilig.

Zwar stellt etwas fest, *aber* schränkt die Feststellung ein.

b **Verbindet die Sätze mit *zwar – aber*. Die Sätze in 8a helfen. Sprecht erst zu zweit, schreibt dann die Sätze auf.**

1. Natalie ist körperlich nicht so fit. Sie konnte einfache Übungen mitmachen.
2. Deniz und seine Freunde haben ihren Rap selbst aufgenommen. Ihr Musiklehrer hat ihnen im Studio geholfen.
3. Die Theatergruppe hat früh angefangen. Am Ende hatte sie doch Stress.
4. Die Arbeit mit Maschinen war für Jessy neu. Sie hat es schnell gelernt.

9 **a** **Sag mal … Satzmelodie bei Sätzen mit je – *desto/umso* und *zwar – aber* – Hört und lest die Aussagen. Achtet auf die Satzmelodie im ersten und im zweiten Satz. Zeigt die Melodie mit der Hand.**

2.38

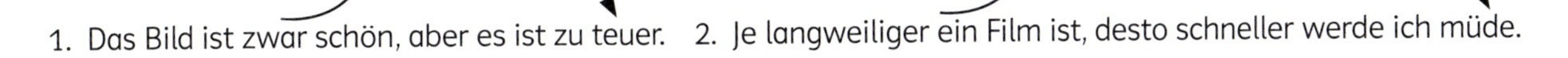

1. Das Bild ist zwar schön, aber es ist zu teuer. 2. Je langweiliger ein Film ist, desto schneller werde ich müde.

b **Sprecht die Sätze erst leise und dann laut. Unterstützt die Melodie mit euren Händen.**

1. Ich kann zwar singen, aber ich habe keine Lust auf den Schulchor.
2. Je beliebter eine Band ist, umso teurer sind die Konzerte.
3. Wir nähen unsere Theater-Kostüme zwar selbst, aber sie sehen super aus.
4. Je dicker ein Roman ist, umso weniger Spaß macht das Lesen.

10 **a** **Die Schüler und die Theaterprofis – Seht die Bilder zu 1A und 1B an, lest die Sätze und erklärt den Unterschied in der Klasse. Ergänzt dann die Sätze 2B und 3B.**

G12

1A Die Schüler schminken sich selbst.

1B Die Schauspieler lassen sich schminken.

G

lassen + Infinitiv
ich lass**e**
du l**ä**ss**t**
er/es/sie l**ä**ss**t**
wir lass**en**
ihr lass**t**
sie/Sie lass**en**

Wir lassen uns fotografieren.

2A Die Schüler bauen die Bühne selbst.

2B Die Regisseurin …

3A Die Schülerin näht ihr Kostüm selbst.

3B Die Schauspielerin …

b **Was lasst ihr machen? Bildet Sätze mit *lassen* und sprecht zu zweit.**

✦ meine Haare schneiden ✦ das Fahrrad reparieren ✦ mich zum Sport fahren ✦ den Test unterschreiben ✦ Fotos für den Pass machen ✦ … ✦

Ich lasse meine Haare schneiden. Und du?

11 **Freie Wahl – A, B oder C**

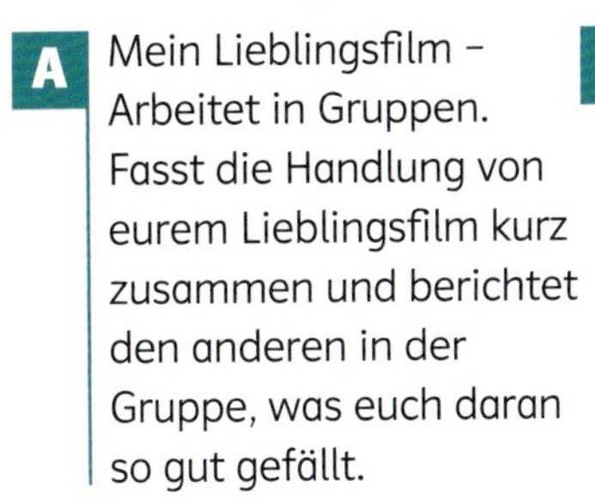

A Mein Lieblingsfilm – Arbeitet in Gruppen. Fasst die Handlung von eurem Lieblingsfilm kurz zusammen und berichtet den anderen in der Gruppe, was euch daran so gut gefällt.

B Recherchiert ein Bild oder Foto, das euch gefällt, und bringt es mit. Beschreibt es: Künstler/Titel/Thema/Bildbeschreibung…

C *entweder – oder / sowohl – als auch / nicht nur – sondern auch / zwar – aber / je – desto*
Bildet Sätze zu viert. A beginnt mit einem Satzanfang. Wer zuerst den Satz korrekt ergänzt, bekommt einen Punkt. B macht weiter.

Je spannender ein Film ist, …

Was kann ich nach Kapitel 12?

Wortschatz / Redemittel

Ein Bild beschreiben

	im Hintergrund / hinten	
links	in der Mitte	rechts
	im Vordergrund / vorn(e)	

Über einen literarischen Text sprechen
Der Titel des Buches ist …
Der Autor / Die Autorin heißt …
… hat das Buch geschrieben.
In dem Text/Buch/Roman geht es um … /
Dieser Text / die Erzählung handelt von …
Die Hauptfigur / Der Held / Die Heldin ist …
Zuerst … / Dann …

Sucht ein Foto im Kapitel und beschreibt es.

Im Vordergrund sieht man …

Ordnet die Informationen.

1. Der Buchtitel ist
2. Elisabeth Etz
3. Das Buch handelt von
4. Die Hauptfigur ist
5. Zuerst gefällt ihm sein neues Leben,

A hat den Roman geschrieben.
B der 17-jährige Jakob.
C dann wird es schwieriger.
D „Morgen ist woanders".
E einem Jugendlichen, der wegläuft.

Grammatik

Irreale Vergleiche mit *als ob* + Konjunktiv II

Man hat das Gefühl, **als ob** die Szene leben würde.
(Sie lebt aber nicht.)

Irreale Vergleichssätze stehen nach Verben des Fühlens, Wahrnehmens und Verhaltens: Ich fühle mich, … / Es hört sich so an, … / Er benimmt sich, …

Doppelkonnektoren:

Vergleiche mit *je – desto/umso*
Je dicker das Buch ist, **desto anstrengender** finde ich das Lesen.

Achtung! Nach *je* und *desto/umso* immer Komparativ.

Einschränkungen mit *zwar – aber*
Die Übungen waren ganz nett. Manchmal waren sie auch langweilig.

Die Übungen waren **zwar** ganz nett, **aber** manchmal waren sie auch langweilig.
Zwar stellt etwas fest, *aber* schränkt die Feststellung ein.

***lassen* + Infinitiv**
Ich male ein Bild. (= Ich male selbst.)

Ich lasse ein Bild malen. (= Eine andere Person malt für mich.)

Was macht der Schauspieler? Formuliert Sätze mit *als ob*.

Er tut so,

Ergänzt zu zweit Adjektive in den Vergleichssätzen. Achtet auf die Form.
Je ___ ich über die Band weiß, desto ___ finde ich die Lieder.
Je ___ eine Malerin ist, desto ___ Geld kosten ihre Bilder.
Je ___ ein Buch ist, desto ___ lese ich.
Je ___ ich für Deutsch lerne, desto ___ kann ich die Sprache.

Ergänzt mit *zwar* oder *aber*.

Das Bild ist zwar teuer, aber es ist hässlich.

Das Bild ist zwar teuer, ___.
___, aber ich möchte nicht ins Konzert gehen.
Der Song ist zwar bekannt, ___.
___, aber Skaten ist keine Kunst.

Was lasst ihr machen? Spielt zu viert. Paar A überlegt eine Szene wie im Beispiel und spielt sie vor. Paar B rät. Dann wechselt ihr.

Dani lässt ihre Haare kämmen?

Genau.

Karussell

Plateau 4

1 **a** **Lest zuerst alle Sätze (5 Minuten). Was passt zusammen?**

b **Übt zu zweit mit dem Karussell. Person A liest eine Frage / einen Satz (blau), Person B liest die Antwort (rot). Dann tauscht ihr.**

Hast du schon mal eine Bewerbung geschrieben?

Ja, für meinen Ferienjob letzten Sommer.

Stimmt. Wir müssen so viel machen, dass keine Zeit zum Chillen bleibt.

Ich mache den Akrobatikkurs. Das ist sicher cool.

Um genug Geld für einen neuen Computer zu haben.

Soll ich meine Haare selbst schneiden?

Damit er sich für seine Klasse engagieren kann.

Welche Eigenschaften braucht man als Krankenschwester?

Siehst du doch, das Geschirr muss abgewaschen werden.

Woran denkst du gerade?

Ja, das will ich werden, seit ich zwölf bin.

Wo willst du dein Praktikum machen?

Man muss hilfsbereit und mitfühlend sein.

Das ist ein Foto, oder?

Die heißen Politiker oder Politikerinnen.

Was soll ich denn tun?

Ja, sonst hat man keine Ahnung, wenn man 18 ist und wählen darf.

Ist Ärztin dein Traumberuf?

Bloß nicht, das geht schief. Lass sie lieber beim Friseur schneiden.

Hast du schon mal eine Bewerbung geschrieben?

Ich? An Ferien und Urlaub. Und du?

Wie nennt man Personen, die ein politisches Amt haben?

Das geht mir genauso. Das ist echt nicht spannend.

Warum wollte Joe Klassensprecher werden?

Ja, für meinen Ferienjob letzten Sommer.

Du sparst? Warum denn?

Für mich nicht. Das ist doch nur Sport.

Ich finde, wir bekommen viel zu viele Hausaufgaben.

Weiß ich nicht mehr. Das ist schon ewig her. Ich sehe lieber Filme

Auch Jugendliche sollten sich für Politik interessieren.

Entweder bei einer Bank oder im Zoo.

Ist Skaten Kunst?

Ich weiß nicht. Akrobatik sieht zwar toll aus, aber es ist so sch

Vermutlich muss man als Aushilfe im Supermarkt nur Regale aufräumen.

Nee, man darf sicher auch an der Kasse arbeiten.

Je länger ich dieses Buch lese, desto langweiliger finde ich es.

Nein. Es sieht nur so aus, als ob es fotografiert wurde.

Was hast du zuletzt gelesen?

2

Eigenschaften für die Arbeitswelt – Spielt zu viert. Schreibt acht Eigenschaften auf Karten. Tauscht eure Karten mit einer anderen Gruppe. Zieht nacheinander eine Karte und beschreibt die Eigenschaft. Die anderen raten.

teamfähig

zuverlässig

Man kann gut mit anderen zusammenarbeiten.

Meinst du teamfähig?

3

a Was passt zusammen? Ordnet zu. Eine/r spricht den Satzanfang, der/die andere setzt den Satz fort.

Ich bewerbe mich nicht nur im Supermarkt,
Tom ist weder gut in Chemie
Ich esse sowohl Pizza
Entweder machen wir Mathehausaufgaben
Ich lese weder Bücher
Ich mag sowohl Hip-Hop
Je bekannter die Musiker sind,
Je länger ich übe,
Entweder komme ich zu dir
Ich habe zwar Zeit zum Aufräumen,
Ich mache nicht nur Sport,
Der Winter ist zwar schön,

oder wir lernen Spanisch.
aber keine Lust.
als auch Rap.
desto besser werde ich.
sondern auch auf dem Bauernhof.
oder du kommst zu mir.
noch Zeitungen.
sondern auch Musik.
desto teurer sind Konzerttickets.
als auch Hamburger.
aber auch sehr kalt.
noch in Physik.

2.39 **b Hört die Beispiele und sprecht nach. Achtet auf die Betonung.**

c Sprecht jetzt zu zweit abwechselnd die vervollständigen Sätze und achtet auf die Betonung.

4

Was muss hier gemacht werden? – Schreibt zu zweit eine To-do-Liste und formuliert dann abwechselnd Passivsätze mit *müssen*.

To-do
Müll runterbringen, Klamotten ...

Der Müll muss runtergebracht werden.

Ja, und ...

5

a Seht die drei Bilder an. Welche Unterschiede gibt es?

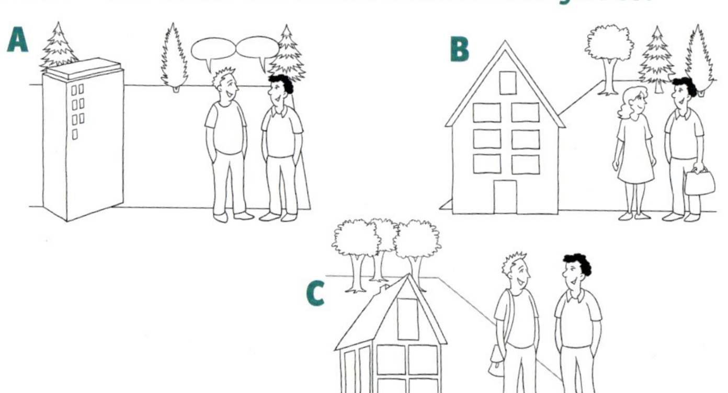

Positionen nennen

im Hintergrund / hinten
links | in der Mitte | rechts
im Vordergrund / vorn(e)

In B stehen die Bäume hinten rechts und ...

b **Drei Personen malen ein Bild – Hört das Gespräch. Welches Bild aus 5a passt zu den Beschreibungen?**

c **Spielt zu dritt. Erfindet und zeichnet gemeinsam Bilder wie im Beispiel in 5a/b. Vergleicht am Ende eure Bilder. Ist alles richtig?**

6

Wozu? – Sprecht zu zweit. Kombiniert und formuliert Quatschsätze mit *um – zu* wie im Beispiel.

für die Schule lernen
ein Schülerpraktikum machen
Freunde treffen
zu einer Demonstration gehen
Klassensprecher/Klassensprecherin werden
Müll sammeln
am Wochenende arbeiten
mehr Sport machen
viele Bücher lesen
in einer Band singen
Haare färben lassen
ein Referat halten
das Fahrrad reparieren

um – zu

viel Geld verdienen
Spaß haben
draußen sein
schlau werden
die Stadt bunter machen
meine Meinung sagen
viel reden können
meine Eltern ärgern
andere nerven
viele Muskeln bekommen
berühmt werden
gut aussehen
Energie bekommen
schulfrei haben
...

Ich lerne für die Schule, ...

um meine Eltern zu ärgern.

7

Was ist los? – Spielt zu dritt. Person A wählt einen Satzanfang, ergänzt und sagt ihn Person B. C fragt nach. B wiederholt den Satz wie im Beispiel. Dann macht B weiter usw.

✦ Ich träume von ... ✦ Ich denke manchmal an ... ✦ Ich denke oft über ... nach. ✦ Ich spreche heute mit ... ✦ In meinem nächsten Referat spreche ich über ... ✦ Ich erinnere mich noch genau an ... ✦ Ich ärgere mich sehr über ... ✦ Ich streite dauernd mit ... ✦ Ich interessiere mich nicht für ... ✦ Ich freue mich schon total auf ... ✦ Ich kümmere mich gern um ... ✦

Ich träume von einem Urlaub am Meer.

Wovon träumt Laura?

Von einem Urlaub am Meer.

8

Sprachmittlung – Ihr lest folgende Schlagzeilen in der deutschen Presse. Worum geht es in den Artikeln? Erklärt in eurer Muttersprache.

Bundestag beschließt neue Gesetze zum Umweltschutz – Autofahrer müssen bald viel mehr für Benzin zahlen

Europaparlament kommt morgen in Brüssel zur Wahl des Parlamentspräsidenten zusammen

Ferienbeginn in mehreren Bundesländern – Megastaus auf Autobahnen erwartet

Bundespräsident zu Besuch in Mali: Staatschefs beraten in Bamako über die Beziehung beider Länder

9 Kapitelmeister – Rallye durch Klasse!

1 ● Was machst du morgens im Bad? ○ Zuerst wasche ich ___, dann putze ich ___ die Zähne.	**2** ● Wozu lernst du Deutsch? ○ ___ ich in Deutschland studieren kann. ● Nein, ich meine, warum jetzt gerade? ○ Ach so. ___ morgen gut ___ sein. Wir schreiben einen Test.	**3** Lukas ist ü___. Jenny ist etwas ä___.	**4** ● Was möchtest du? ○ Als ___ nehme ich einen Salat, als ___ dann Spaghetti und als ___ hätte ich gern noch den Kuchen.
5 fallen: ich fiel beginnen: ___ verlassen: ___ geben: ___	**6** Wenn ich reich ___ und viel Geld ___, dann ___ ich in die USA fliegen.	**7** Das Formular wird ausgefüllt, dann ___ (ausdrucken) und ___ (unterschreiben).	**8** ● Kannst du mir morgen dein Rad leihen? ○ Tut mir leid, ich kann ___ ___ nicht geben, ich brauche es selbst.
9 ● Berlin ist eine Stadt, ___ man viel anschauen kann. ○ Stimmt. Ich fand alles toll, ___ wir dort gesehen haben.	**10** Meine Freundin kauft dauernd Klamotten, ___ sie gut aussehen will. Manchmal kauft sie auch etwas, ___ sie gar nicht genug Geld hat.	**11** Nach der Schule? studieren: Ich werde studieren. jobben: ___ reisen: ___ eine Ausbildung machen: ___	**12** Seniorenclub sucht freundlich___ Schülerin / freundlich___ Schüler für Computerkurs.
13 ● Wir dürfen ___ der Schule keine Handys benutzen, nur draußen im Hof. ○ Echt? Bei uns sind Handys nur ___ des Unterrichts verboten.	**14** Es gibt heute schon Roboter, ___ man alle Fragen stellen und mit ___ man sich richtig unterhalten kann.	**15** ● Warum sind deine Eltern so sauer? ○ Ach, wegen ___ Note in Bio, wegen ___ Chaos in meinem Zimmer und wegen ___ Streits mit meinem Bruder.	**16** Ich ärgere mich oft ___ die Politiker. Sie kümmern sich zu wenig ___ den Umweltschutz und denken nur ___ die Wirtschaft.
17 Nachdem ich den Bus verpasst ___, ___ ich natürlich viel zu spät in der Schule.	**18** ● ___ ___ hast du dich gestritten? ○ Mit meinem Bruder. ● ___? ○ Ach, über nichts Wichtiges.	**19** ● Hast du Lust, ins Kino ___ gehen? ○ Lust habe ich schon. Aber ich habe Ole versprochen, ihm ___ helfen.	**20** ● Nicht nur Pilot, ___ Steward ist ein cooler Beruf. ○ Echt? Ich finde ___ den einen noch den anderen Beruf interessant.
21 Wir streamen lieber Filme, ___ ins Kino zu gehen. Das ist billiger.	**22** Alles ist Kunst! Porträts ___ Songs ___ Gitarre ___	**23** Das ist Finn, ___ gern coole Torten backt. Das ist Marie, ___ beim Fußball immer Tore schießt.	**24** Meine Freundin und ich haben viel gemeinsam. Wir gehen in ___ Klasse, machen ___ Sport und mögen ___ Klamotten.
25 Je l___ ich abends lese, desto m___ bin ich am nächsten Tag in der Schule.	**26** ● ___ du am Wochenende arbeitest, hast du immer genug Geld, oder? ○ Stimmt. Aber jetzt habe ich weniger Zeit und viel Stress.	**27** ● Haben wir jetzt alle Zutaten? ○ Nein, wir brauchen noch eine Dose ___, zwei ___ und eine ___.	**28** ● Hat dein Bruder einen besser___ Laptop als du? ○ Nee, sein Laptop ist schlechter als meiner. Aber er hat ein neuer___ Handy.

Spielregel: Spielt zu viert. Löst die 28 Aufgaben zusammen und notiert die Antworten. Ihr habt 15 Minuten Zeit. Vergleicht die Antworten in der Klasse. Welche Gruppe hat die meisten richtigen Antworten?

10 a Welche Jugendbuchautorinnen/-autoren kennt ihr? Was wisst ihr über sie? Welche Bücher haben sie geschrieben? Sammelt in der Klasse.

b Lest das Porträt über die Autorin des Jugendbuchs „Morgen ist woanders". Welche Informationen gibt der Text über die folgenden Punkte? Sprecht in der Klasse.

✦ Geburtsdatum ✦ Leben heute ✦ Arbeit ✦ Bücher und Preise ✦ Name ✦ Geburtsort ✦ Ausbildung ✦ Kindheit ✦

Die Österreicherin Elisabeth Etz wurde am 9. April 1979 in Wien geboren.
Schon als Kind hat sie gern und viel gelesen und sich für das Schreiben interessiert. Etz studierte später Germanistik und Deutsch als Fremdsprache. Nach verschiedenen Stationen in Berlin, Istanbul und Mailand lebt und arbeitet sie heute wieder in ihrer Heimatstadt Wien.
2004 hat sie angefangen, Bilderbücher und Kinder- und Jugendbücher zu schreiben, die auch mit mehreren Preisen ausgezeichnet wurden.
Besonders bekannt sind die Jugendromane „Alles nach Plan" aus dem Jahr 2015 und „Nach vorn" aus dem Jahr 2018. Das Jugendbuch „Morgen ist woanders" ist 2019 erschienen, aber das Manuskript zum Buch wurde schon 2016 mit dem Kinder- und Jugendbuchpreis des Landes Steiermark ausgezeichnet.
Wenn Elisabeth Etz gerade nicht schreibt, liest sie an Schulen in Deutschland, Österreich oder der Schweiz aus ihren Büchern. Sie arbeitet in Workshops mit Jugendlichen zu den Themen Literatur und Interkulturalität, also dem Zusammenleben Jugendlicher mit ganz unterschiedlicher Herkunft. Außerdem unterrichtet Etz Deutsch als Fremdsprache für geflüchtete Menschen in Wien.
Mehr Informationen zur Autorin und zu ihren Büchern findet man auf ihrer Homepage unter https://elisabetz.at/.

c Was sind die Themen in „Nach vorn" und „Alles nach Plan"? Welches Buch findet ihr interessanter? Warum? Recherchiert und sprecht zu zweit.

d Bekannte deutschsprachige Jugendbücher – Wer hat welches Buch geschrieben und worum geht es? Recherchiert, ordnet zu und sprecht in Gruppen über die Bücher. Kennt ihr vielleicht sogar eins der Bücher in eurer Sprache?

1. Ursula Poznanski
2. Herrmann Hesse
3. Cornelia Funke
4. Wolfgang Herrndorf
5. Michael Ende
6. Isabel Abedi

A „Tschick"
B „Momo"
C „Unterm Rad"
D „Erebos"
E „Isola"
F „Tintenherz"

Also, … ist von Ursula Poznanski. In dem Roman geht es um ein Computerspiel.

11

a Ein Bewerbungsvideo von Jonas – Seht Teil 1 von Filmclip 4 an und beantwortet die Fragen 1 bis 4 in der Klasse.

4.1

1. Was sagt Jonas über seine aktuelle Situation?
2. Warum möchte er dieses Praktikum machen?
3. Welche Erfahrungen hat er schon?
4. Welche Eigenschaften, die man im Praktikum braucht, hat er?

b Seht die Bilder an. Welche Praktika sieht man? Was muss man da vermutlich tun? Welche Eigenschaften braucht man? Sammelt eure Ideen in Gruppen.

4.2

c Seht Teil 2 an. Wer möchte wo ein Praktikum machen und warum? Sprecht in der Gruppe.

Emil möchte ein Praktikum … machen, weil …

d Wählt ein Praktikum für euch. Macht Notizen zu eurer aktuellen Situation, euren Erfahrungen und Eigenschaften und dreht dann zu zweit eure Bewerbungsvideos. Zeigt die Videos in der Klasse.

4.3

e Tätigkeiten im Praktikum – Seht Teil 3 an. Was machen die Jugendlichen? Ergänzt zu zweit.

✦ Akten … ✦ Eimer mit Farbe … ✦ Kaffee … ✦ Brötchen … ✦ auf ein Gerüst … ✦

Jonas muss …

4.4

f Wie war das Praktikum? – Lest die Satzanfänge und seht dann Teil 4 an. Notiert wichtige Informationen und ergänzt die Sätze. Vergleicht zu zweit.

1. Jonas fand sein Praktikum zwar …, aber auch …
2. Emil sagt, sein Praktikum war wirklich …
   Er hat viele Bereiche …
   Im Cockpit …
3. Luzie kann nach dem Praktikum sagen, dass Film …
4. Ricki findet es gut, dass …
   Denn Schule ist …

Das findest du hier:

Sätze

Stellung im Satz

Verben mit Dativ und Akkusativ (K6)

Du musst Kim den Roller zurückbringen!
Du musst ihr den Roller zurückbringen!
Du musst ihn Kim zurückbringen!
Du musst ihn ihr zurückbringen!

Manche Verben können Akkusativ und Dativ haben, z. B. *erzählen, bringen, wünschen, schenken, kaufen, zeigen, verbieten, senden.*

Dativ steht normalerweise vor Akkusativ. Wenn der Akkusativ ein Pronomen ist, steht er vor dem Dativ.

Grammatik im Überblick

Sätze verbinden: Hauptsatz und Hauptsatz

Folgen nennen: *deshalb*, *daher*, *darum*, *deswegen* (K1)

Linus mag Sport, ***deshalb/daher/darum/deswegen*** geht er regelmäßig ins Fitnessstudio.
Er will gut aussehen, er macht **deshalb/daher/darum/deswegen** viel Sport.

Darum, *daher*, *deswegen* funktionieren wie *deshalb*.

Doppelkonnektoren

sowohl – als auch, *nicht nur – sondern auch*, *weder – noch*, *entweder – oder* (K10)

A und B	Ich bewerbe mich **sowohl** bei der Bank **als auch** im Reisebüro.
A und B	Ich bewerbe mich **nicht nur** bei der Bank, **sondern auch** im Reisebüro.
nicht A und nicht B	Ich bewerbe mich **weder** bei der Bank **noch** im Reisebüro.
A oder B	Ich bewerbe mich **entweder** bei der Bank **oder** im Reisebüro.

Einschränkungen ausdrücken: *zwar – aber* (K12)

Die Übungen waren **zwar** ganz nett, **aber** manchmal waren sie auch langweilig.
Die Theatergruppe hat **zwar** früh angefangen, **aber** am Ende hatte sie doch Stress.

Zwar stellt etwas fest, *aber* schränkt die Feststellung ein.

Sätze verbinden: Hauptsatz und Nebensatz

Gründe nennen: Nebensatz mit *da/weil* (K1)

Linus macht Sport, **da/weil** er gut aussehen will.
Da/Weil Linus gut aussehen will, macht er Sport.

Gegengründe nennen: Nebensatz mit *obwohl* (K1)

Jannik kauft die Jacke, **obwohl** sie teuer ist.
Obwohl es regnet, joggt Clara im Park.

Zeitangaben machen: Temporale Nebensätze

Nebensatz mit *als* und (*immer*) *wenn* (K4)

Als Florian nach Hause kam, hat er gleich Ole angerufen.
Florian hat gleich Ole angerufen, **als** er nach Hause kam.
(Immer) **Wenn** er nach Hause kam, hat er (immer) seinen Freund angerufen.
Er hat immer seinen Freund angerufen, **wenn** er nach Hause kam.

Sätze mit *als*: Etwas ist einmal passiert.

Sätze mit *wenn*: Etwas ist immer wieder oder oft passiert.

Nebensatz mit *nachdem*, *während* und *bevor* (K8)

Ereignisse in Hauptsatz und Nebensatz nicht gleichzeitig:

Bevor ich die neue Frisur gesehen habe, war ich noch begeistert.

Nachdem ich die neue Frisur gesehen hatte, brauchte ich eine Mütze.

Nebensatz mit *nachdem* im Plusquamperfekt → Hauptsatz im Präteritum.

Nachdem ich lange geschlafen habe, fühle ich mich besser.

Nebensatz mit *nachdem* im Perfekt → Hauptsatz im Präsens

Ereignisse in Hauptsatz und Nebensatz gleichzeitig:

Während ich beim Friseur gesessen habe, ist Kim in die Stadt gegangen.

Nebensatz mit *seit(dem)* (K10)

Ich möchte Ärztin werden, **seitdem** ich 12 bin.

Seitdem ich 12 bin, möchte ich Ärztin werden.

Seit ich einen Schülerjob habe, habe ich endlich genug Geld für mein Hobby.

Ich habe endlich genug Geld für mein Hobby, **seit** ich einen Schülerjob habe.

Ziele ausdrücken: Nebensatz mit *damit* (K11)

Aktion	**Ziel**
Kim will im Wald Müll sammeln,	**damit** der Wald sauber bleibt.
Kim muss chillen,	**damit** sie mehr Energie für ihre Pläne hat.

Die Bedeutung von *damit* und *um – zu* ist gleich. Bei verschiedenen Subjekten verwendet man *damit*.

Folgen ausdrücken: Nebensatz mit *sodass* / *so - dass* (K11)

Wir haben kein Jugendzentrum, **sodass** die Jugendlichen keinen Treffpunkt haben.

Die Sportanlage ist **so** alt, **dass** man sie nicht mehr nutzen kann.
(Adjektiv)

Wenn im Hauptsatz ein Adjektiv oder Adverb steht, dann steht ***so*** meistens davor.

Irreale Bedingungen nennen: *wenn* + Konjunktiv II (K5)

Wenn ich im Urlaub zelten würde, wäre mir überhaupt nie langweilig.

Wenn ich einen Ferienjob hätte, würde ich viel Geld verdienen.

Vergleiche ausdrücken: *je - desto/umso* (K12)

Je dicker das Buch ist, **desto** anstrengender finde ich das Lesen.

Je mehr Zeit ich habe, **desto** öfter lese ich.

Achtung! Nach *je* und *desto/umso* steht immer der Komparativ.

Grammatik im Überblick

Irreale Vergleiche ausdrücken: *als ob* + Konjunktiv II (K12)

Man hat das Gefühl, **als ob** die Szene leben **würde**. (Sie lebt aber nicht.)
Es sieht so aus, **als ob** die Menschen lebendig **wären**. (Sie sind es aber nicht.)

Irreale Vergleiche stehen nach Verben des Fühlens, Wahrnehmens und Verhaltens:
Ich fühle mich, … / Es hört sich so an, … / Er benimmt sich, …

Etwas näher beschreiben: Relativsätze

Relativsatz im Nominativ (K3)

Jamal ist ein Junge. Der Junge probiert gern neue Gerichte.
Jamal ist ein Junge, der gern neue Gerichte probiert.

Die Relativpronomen im Nominativ haben die gleiche Form wie die Artikel: der, das, die, die

Relativsatz im Akkusativ (K3)

Der Direktor hat ein Lied gesungen. Alle Schüler mögen den Direktor.
Der Direktor, den alle Schüler mögen, hat ein Lied gesungen.

Die Relativpronomen im Akkusativ haben die gleiche Form wie die Artikel: den, das, die, die

Relativsatz im Dativ (K6)

Der Roboter heißt Zora. Man begegnet dem Roboter in Altenheimen.
Der Roboter, dem man in Altenheimen begegnet, heißt Zora.

Die Relativpronomen im Dativ haben im Singular die gleiche Form wie die Artikel: dem, dem, der
! Plural: denen

Relativsatz mit Präposition (K6)

Es gibt Roboter. Man kann sich **mit den** Robotern unterhalten.
Es gibt Roboter, **mit denen** man sich unterhalten kann.
Ich hätte gern ein Haustier. Ich kann mich **um** das Haustier kümmern.
Ich hätte gern ein Haustier, **um** das ich mich kümmern kann.

Die Präposition steht vor dem Relativpronomen.

Relativsatz mit *wo* (K8)

Berlin ist eine Stadt, **wo** man viel erleben kann.
Manche Stadtviertel, **wo** wir waren, haben mir nicht gefallen.

Das Relativpronomen *wo* kann man verwenden, wenn man über Orte spricht.

Relativsatz mit *was* (K8)

Mir hat alles gefallen, **was** ich gesehen habe.
Ich glaube, in jeder Stadt gibt es etwas, **was** man nicht mag.

Nach den Wörtern *alles*, *etwas*, *nichts* verwendet man das Relativpronomen *was*.

Stellung von Relativsätzen (K3 – K6 – K8)

Zu dem Schulfest, das am 15. Juli stattfindet, kommen Schüler, Lehrer und Eltern.
Valentin hat einen Programm-Flyer gestaltet, der in allen Klassen liegt.

Relativsätze stehen nah bei dem Nomen, das sie beschreiben.
Wenn nach dem Nomen nur noch ein Verb steht, steht der Relativsatz meistens hinter diesem zweiten Verbteil.

Infinitivsätze

Infinitiv mit *zu* (K5)

Sie haben beschlossen,	in München	**zu** starten.
Es ist nicht erlaubt,	Geld für Verkehrsmittel	aus **zu** geben.
		Ende

Infinitivsätze mit *zu* stehen nach
- Adjektiven + *sein/finden*: Es ist toll/möglich, … / Ich finde es schwierig/anstrengend, …
- Nomen + *haben*: Ich habe Lust/Zeit/Angst, …
- bestimmten Verben: versuchen, schaffen, überreden, beschließen, anfangen, aufhören, vorhaben, planen, sich freuen, vorschlagen, vergessen, …

Alternativen nennen: *(an)statt - zu* (K9)

Anstatt den Kopfhörer weg zu werfen, kann Florian ihn im Geschäft reklamieren.
Florian kann den Kopfhörer im Geschäft reklamieren, anstatt ihn weg zu werfen.
Statt online zu shoppen, geh lieber mal auf den Flohmarkt.
Geh lieber mal auf den Flohmarkt, statt online zu shoppen.

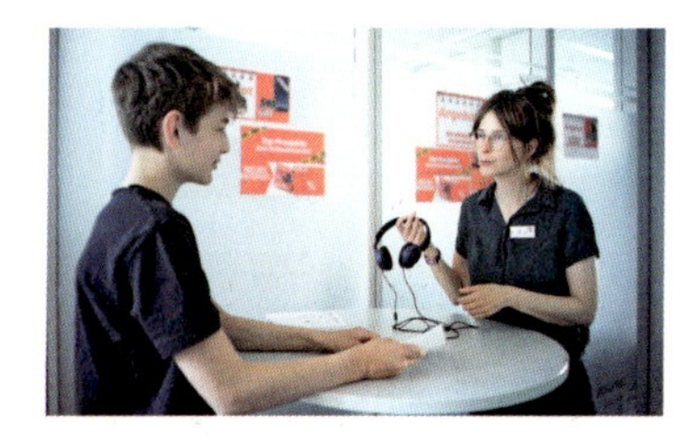

Ziele ausdrücken: Sätze mit *um - zu* (K11)

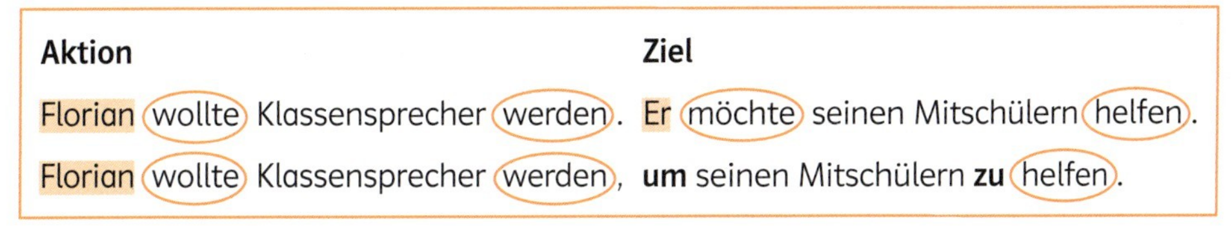

Aktion	**Ziel**
Florian wollte Klassensprecher werden.	Er möchte seinen Mitschülern helfen.
Florian wollte Klassensprecher werden,	**um** seinen Mitschülern **zu** helfen.

Die Bedeutung von *damit* und *um – zu* ist gleich.
Wenn die Subjekte gleich sind, verwendet man meistens *um – zu*.
Wenn die Subjekte verschieden sind, verwendet man *damit*.

Verben

Reflexive Verben mit Akkusativ und Dativ (K1)

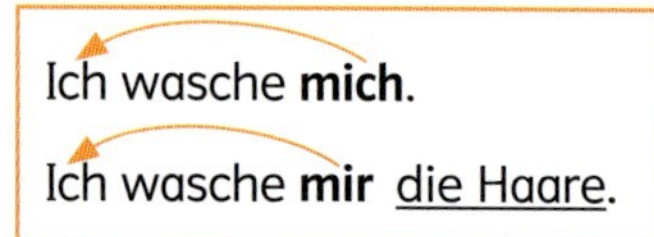

Wenn es zur Person noch eine Ergänzung gibt, steht das Reflexivpronomen im Dativ.
Weitere Verben: sich rasieren, sich schminken, sich kämmen, sich umziehen, …
Manche Verben brauchen immer eine Akkusativergänzung, deshalb steht das Reflexivpronomen immer im Dativ: sich etwas leihen, sich etwas wünschen, …

	Akkusativ
ich wasche	mich
du wäschst	dich
er/es/sie wäscht	sich
wir waschen	uns
ihr wascht	euch
sie/Sie waschen	sich

	Dativ	
ich wasche	mir	die Hände
du wäschst	dir	das Gesicht
er/es/sie wäscht	sich	die Haare
wir waschen	uns	die Füße
ihr wascht	euch	die Ohren
sie/Sie waschen	sich	den Hals

Präteritum

regelmäßige Verben (K8)

	bauen	**feiern**	**machen**
ich	bau**te**	feier**te**	mach**te**
du	bau**test**	feier**test**	mach**test**
er/es/sie	bau**te**	feier**te**	mach**te**
wir	bau**ten**	feier**ten**	mach**ten**
ihr	bau**tet**	feier**tet**	mach**tet**
sie/Sie	bau**ten**	feier**ten**	mach**ten**

Das Präteritum verwendet man meistens in schriftlichen Texten, zum Beispiel in Zeitungsartikel, Romanen, …

unregelmäßige Verben (K8)

	beginnen	**fallen**	**geben**
ich	begann	fiel	gab
du	begann**st**	fiel**st**	gab**st**
er/es/sie	begann	fiel	gab
wir	begann**en**	fiel**en**	gab**en**
ihr	begann**t**	fiel**t**	gab**t**
sie/Sie	begann**en**	fiel**en**	gab**en**

In der ersten Person (*ich*) und in der dritten Person Singular (*er/es/sie*) haben die unregelmäßigen Verben im Präteritum keine Endung.

Eine Liste mit unregelmäßigen Verben findet ihr auf Seite 141.

Plusquamperfekt (K8)

Vergangenheit	**Perfekt und Präteritum**	Nach meinem Geburtstag **bin** ich **losgefahren**. Ich **wollte** alleine eine große Tour **machen**.	Nach fünf Tagen **habe** ich meine Pläne **geändert**. Ich **hatte** keine Lust mehr.
Vor-vergangenheit	**Plusquamperfekt**	Vorher **hatte** ich meinen Führerschein **gemacht**.	Davor **war** ich in die Schweiz **gefahren**.

Das Plusquamperfekt benutzt man, wenn man über etwas aus der Vergangenheit berichtet, das vor einem anderen Ereignis in der Vergangenheit liegt.
Bildung: *haben*/*sein* im Präteritum + Partizip II

Konjunktiv II: *sollen, haben, sein* (K3 – K5)

	sollen	**haben**	**sein**
ich	soll**te**	hä**tte**	wä**re**
du	soll**test**	hä**ttest**	wä**rst**
er/es/sie	soll**te**	hä**tte**	wä**re**
wir	soll**ten**	hä**tten**	wä**ren**
ihr	soll**tet**	hä**ttet**	wä**rt**
sie/Sie	soll**ten**	hä**tten**	wä**ren**

Konjunktiv II: *würde* + Infinitiv (K5)

ich	wür**de**
du	wür**dest**
er/es/sie	wür**de**
wir	wür**den**
ihr	wür**det**
sie/Sie	wür**den**

Ich würde gern nach Bali reisen.

Ich würde meinen Cousin mitnehmen.

Futur I: *werden* + Infinitiv (K7)

ich	wer**de**
du	wir**st**
er/es/sie	wir**d**
wir	wer**den**
ihr	wer**det**
sie/Sie	wer**den**

Du wirst eine Ausbildung machen.

Ihr habt gesagt, dass ihr reisen werdet.

Wenn man über die Zukunft spricht, kann man auch das Präsens mit Zeitangaben in der Zukunft verwenden:

Nach der Schule machst du eine Ausbildung.

Ihr habt gesagt, dass ihr nach dem Abitur reist.

Mit dem Futur I oder dem Präsens und Wörtern wie *wahrscheinlich*, *vielleicht*, *wohl*, *sicher* … äußert man auch Vermutungen:

Nächste Woche wird das Wetter *sicher* schön sein. Nächste Woche ist das Wetter *wahrscheinlich* schön.

Grammatik im Überblick

Vorgänge beschreiben: Passiv

Passiv Präsens (K9)

Das Passiv bildet man mit ***werden*** **+ Partizip II.**

Der Pass wird geprüft.
→ Man prüft den Pass.
Die Bankkarte und die PIN werden dir zugeschickt.
→ Man schickt dir die Bankkarte und die PIN zu.

Beim Passiv ist wichtiger, was passiert. Die Person ist nicht wichtig oder unbekannt.

Passiv Präteritum (K9)

Das Passiv Präteritum bildet man mit ***wurde(n)*** **+ Partizip II.**

Wann wurde der Euro eingeführt?
→ Wann führte man den Euro ein?

Passiv Perfekt (K9)

Das Passiv Perfekt bildet man mit ***sein*** **+ Partizip II +** ***worden***.

Wann ist der Euro eingeführt worden?
→ Wann hat man den Euro eingeführt?

Man benutzt das Passiv Perfekt selten.

Passiv mit Modalverben (K10)

Das Passiv mit Modalverb bildet man mit **Modalverb + Partizip II +** ***werden***.

Die Briefe müssen zur Post gebracht werden.
→ Man muss die Briefe zur Post bringen.

Infinitiv als Aufforderung (K4)

Bitte lächeln!
Nicht streiten, bitte!
Cool bleiben!
Nicht traurig sein!

nicht/kein/nur + *brauchen* + *zu* + Infinitiv (K9)

Du brauchst mir das Geld **nicht** jetzt **zu** geben.
Du brauchst **kein** Geld mit**zu**bringen.
Ich brauche **nur** meine Nachbarn **zu** fragen.

lassen + Infinitiv (K12)

ich	lass**e**
du	läss**t**
er/es/sie	läss**t**
wir	lass**en**
ihr	lass**t**
sie/Sie	lass**en**

Wir lassen uns fotografieren.
Ich lasse mein Rad reparieren.

Nomen

Nomen mit der Endung *ung/-heit/-keit* (K1)

die Erfahrung
die Schönheit
die Eitelkeit

Diese Nomen sind immer feminin und haben den Artikel die.

n-Deklination (K10)

	Singular		Plural	
Nominativ	der/ein	Kunde	die	Kunde**n**
Akkusativ	den/einen	Kunde**n**	die	Kunde**n**
Dativ	dem/einem	Kunde**n**	den	Kunde**n**
Genitiv	des/eines	Kunde**n**	der	Kunde**n**

Die Kasusformen von einigen maskulinen Nomen enden immer auf -(e)*n*, nur im Nominativ Singular nicht.

alle Maskulina auf -*e*
(Personen, Tiere, Nationalitäten)

der Kollege, der Kunde, der Deutsche, der Türke, der Russe, der Neffe, der Junge, der Hase, der Löwe, der Affe, …

alle Maskulina auf *-ant*, *-and*, *ent*, *-ist*, *-oge*, *-at* (Personen, Berufe, Tiere)

der Praktikant, der Tourist, der Journalist, der Student, der Elefant, …

weitere Maskulina

der Mensch, der Herr, der Nachbar, der Name, der Bauer, der Fotograf, der Architekt, der Bär, …

Artikel

bestimmter und unbestimmter Artikel (K6)

Nominativ		Akkusativ		Dativ		Genitiv	
der	ein	den	einen	dem	einem	des	eines
das	ein	das	ein	dem	einem	des	eines
die	eine	die	eine	der	einer	der	einer
die	--	die	--	den	--	der	--

Deklination der Negationsartikel (*kein, keine, …*) und der Possessivartikel (*mein, dein, …*) funktioniert im Singular wie unbestimmter Artikel und im Plural wie bestimmter Artikel.

Grammatik im Überblick

Pronomen

Reflexivpronomen (K1)

	Akkusativ	Dativ
ich	mich	mir
du	dich	dir
er/es/sie	sich	sich
wir	uns	uns
ihr	euch	euch
sie/Sie	sich	sich

Relativpronomen (K3, K6 + K8)

Nominativ	Akkusativ	Dativ
der	den	dem
das	das	dem
die	die	die
die	**die**	den

bei Orten: **wo**
nach *alles*, *etwas*, *nichts*: **was**

Unbestimmte Zahlwörter (K2)

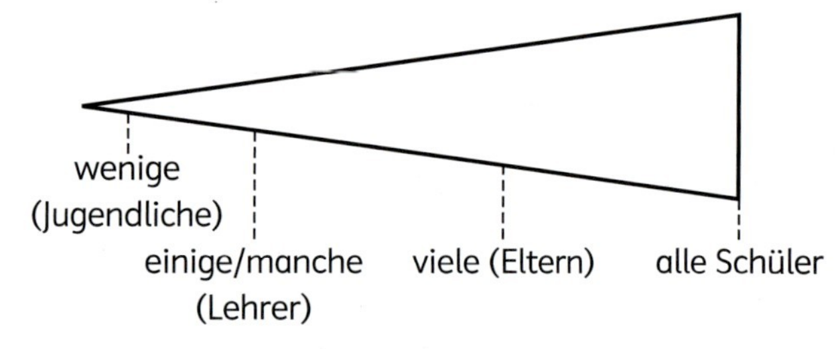

Nominativ: Alle (Schüler) sind in der Klasse.
Akkusativ: Der Lehrer fragt alle (Schüler).
Dativ: Der Lehrer spricht mit allen (Schülern).

Indefinita: *irgend* ... (K3)

irgendjemand, irgendwer, irgendwem, irgendwen, irgendein, irgendetwas, irgendwo, irgendwie, irgendwann, ...
! *irgendein* steht meist mit Nomen, man muss es deklinieren:
irgendein Supermarkt, irgendein Gesetz, irgendeine Verpackung

derselbe, dasselbe, dieselbe, ... (K4)

	Nominativ	Akkusativ	Dativ
der	dersel**be** Freund	densel**ben** Freund	demsel**ben** Freund
das	dassel**be** Handy	dassel**be** Handy	demsel**ben** Handy
die	diesel**be** Geschichte	diesel**be** Geschichte	dersel**ben** Geschichte
die	diesel**ben** Leute	diesel**ben** Leute	densel**ben** Leuten

Derselbe, dasselbe, dieselbe, ... kann auch ohne Nomen stehen.

- ● Das ist meine neue Uhr.
- ○ Cool. Ich habe dieselbe.

der, *das*, *die* im Nominativ, Akkusativ oder Dativ + *selbe*(*n*)
Die Endungen von *selbe*(*n*) sind wie bei Adjektiven mit bestimmtem Artikel.

einander (K4)

Verb + Präposition + *einander* | sprechen mit → Wir sprechen miteinander.

Pronominaladverbien (K11)

Fragewörter mit Präposition	Pronomen mit Präposition
Dinge/Ereignisse **Worüber** denkst du oft nach? **Wofür** interessierst du dich?	**Dinge/Ereignisse** Interessierst du dich für Politik? Politik? **Dafür** interessiere ich mich nicht.
Personen **Über wen** ärgerst du dich oft? **Mit wem** sprichst du über Probleme?	**Personen** Diskutierst du oft mit deinen Freunden? Natürlich diskutiere ich oft **mit ihnen**.

Wenn die Präposition mit einem Vokal beginnt, brauchst du ein **r** → worüber, woran, worauf, darüber, darauf, …

Verben mit Präpositionen

denken an + Akk.
sich freuen auf/über + Akk.
sich interessieren für + Akk.
sich ärgern über + Akk.

sich kümmern um + Akk.
sich erinnern an + Akk.
nachdenken über + Akk.

träumen von + Dat.
sich streiten mit + Dat. / über + Akk.
sprechen mit + Dat. / über + Akk.

Adjektive

Adjektive nach dem bestimmten Artikel (K2 – K6)

Nominativ	Akkusativ	Dativ	Genitiv
der alt**e** Rekorder	den alt**en** Rekorder	dem alt**en** Rekorder	des alt**en** Rekorders
das alt**e** Radio	das alt**e** Radio	dem alt**en** Radio	des alt**en** Radios
die alt**e** Kassette	die alt**e** Kassette	der alt**en** Kassette	der alt**en** Kassette
die alt**en** Geräte	die alt**en** Geräte	den alt**en** Geräten	der alt**en** Geräte

Adjektive nach dem unbestimmten Artikel (K2 – K6)

	Nominativ	Akkusativ	Dativ	Genitiv
der	ein alt**er** Rekorder	einen alt**en** Rekorder	einem alt**en** Rekorder	eines alt**en** Rekorders
das	ein alt**es** Radio	ein alt**es** Radio	einem alt**en** Radio	eines alt**en** Radios
die	eine alt**e** Kassette	eine alt**e** Kassette	einer alt**en** Kassette	einer alt**en** Kassette
die	alt**e** Geräte	alt**e** Geräte	alt**en** Geräten	alt**er** Geräte

Adjektive ohne Artikel (K2)

	Nominativ	Akkusativ	Dativ
der	alt**er** Rekorder	alt**en** Rekorder	alt**em** Rekorder
das	alt**es** Radio	alt**es** Radio	alt**em** Radio
die	alt**e** Kassette	alt**e** Kassette	alt**er** Kassette
die	alt**e** Geräte	alt**e** Geräte	alt**en** Geräten

Grammatik im Überblick

Komparativ und Superlativ als Adjektiv (K2)

Komparative und Superlative haben die gleichen Endungen wie normale Adjektive vor Nomen: der ältest**e** Rekorder, den ältest**en** Rekorder, dem ältest**en** Rekorder
Komparativ: Adjektiv + *er* + Endung: Ich trage heute eine **coolere** Mütze als gestern.
Der Superlativ steht nur mit dem bestimmtem Artikel und ohne *am*: das **älteste** Radio

Präpositionen

gegenüber, um ... herum, entlang (K5)

gegenüber + Dativ
Das Kino ist gegenüber dem Park / der Baustelle / den roten Häusern.

um + Akkusativ
Du gehst um die Ecke.

um ... herum + Akkusativ
Du gehst um den Platz / das Museum / die Stände herum.

entlang + Akkusativ
Geht den Fluss / die Straße entlang.

In der gesprochenen Sprache sagt man oft *gegenüber* von:
Das Kino ist gegenüber vom Bahnhof.

wegen + Genitiv (K6)

Warum?

der	wegen eines Plan**s** / des Plan**s**
das	wegen eines Projekt**s** / des Projekt**s**
die	wegen einer Diskussion / der Diskussion
die	wegen Autos / der Autos

innerhalb, außerhalb + Genitiv (K7)

innerhalb des Klassenraums
innerhalb eines Bundeslandes
außerhalb der Schule
außerhalb der Gymnasien
! außerhalb Deutschland**s**/Belgien**s**

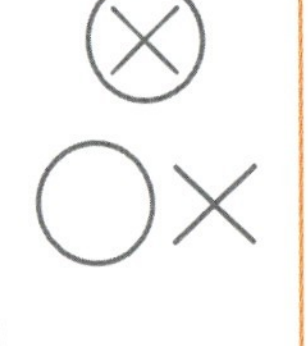

Innerhalb und *außerhalb* können einen Ort (*außerhalb der Schule*) und einen Zeitraum (*innerhalb eines Tages*) beschreiben.

während + Genitiv (K7)

während des Tests
während des Referats
während der Schulzeit
während der freien Tage

Während der Schulzeit hat man immer wieder Stress, zum Beispiel vor Klassenarbeiten.

Modalpartikeln (K9)

aber	Überraschung
denn	Interesse (nur in Fragen)
doch	Vorschlag
ja	etwas ist bekannt
mal	freundliche Aufforderung

Das ist aber schön!
Was ist das denn?
Komm doch heute zu mir!
Du bist ja so gut in Mathe.
Schau mal!

Unregelmäßige Verben

Fettgedruckte Verben sind wichtig für das Goethe-/ÖSD-Zertifikat B1.

Infinitiv	Präsens (3. Person)	Präteritum (3. Person)	Perfekt (3. Person)
ab|biegen	biegt ab	bog ab	ist abgebogen
ab|geben	gibt ab	gab ab	hat abgegeben
ab|hängen (von)	hängt ab von	hing ab von	hat abgehangen von
ab|heben	hebt ab	hob ab	hat abgehoben
ab|nehmen	nimmt ab	nahm ab	hat abgenommen
an|bieten	bietet an	bot an	hat angeboten
an|fangen	fängt an	fing an	hat angefangen
an|geben	gibt an	gab an	hat angegeben
an|haben	hat an	hatte an	hat angehabt
an|nehmen	nimmt an	nahm an	hat angenommen
an|rufen	ruft an	rief an	hat angerufen
an|schließen	schließt an	schloss an	hat angeschlossen
an|ziehen	zieht an	zog an	hat angezogen
auf|fallen	fällt auf	fiel auf	ist aufgefallen
auf|geben	gibt auf	gab auf	hat aufgegeben
auf|heben	hebt auf	hob auf	hat aufgehoben
auf|nehmen	nimmt auf	nahm auf	hat aufgenommen
auf|stehen	steht auf	stand auf	ist aufgestanden
auf|treten	tritt auf	trat auf	ist aufgetreten
aus|fallen	fällt aus	fiel aus	ist ausgefallen
aus|geben	gibt aus	gab aus	hat ausgegeben
sich aus|kennen	kennt sich aus	kannte sich aus	hat sich ausgekannt
aus|sehen	sieht aus	sah aus	hat ausgesehen
aus|sprechen	spricht aus	sprach aus	hat ausgesprochen
aus|steigen	steigt aus	stieg aus	ist ausgestiegen
backen	bäckt/backt	backte	hat gebacken
befehlen	befiehlt	befahl	hat befohlen
sich befinden	befindet sich	befand sich	hat sich befunden
beginnen	beginnt	begann	hat begonnen
behalten	behält	behielt	hat behalten
beißen	beißt	biss	hat gebissen
bekommen	bekommt	bekam	hat bekommen
sich benehmen	benimmt sich	benahm sich	hat sich benommen
beraten	berät	beriet	hat beraten
beschließen	beschließt	beschloss	hat beschlossen
beschreiben	beschreibt	beschrieb	hat beschrieben
besitzen	besitzt	besaß	hat besessen
besprechen	bespricht	besprach	hat besprochen
bestehen	besteht	bestand	hat bestanden
beweisen	beweist	bewies	hat bewiesen
sich bewerben	bewirbt sich	bewarb sich	hat sich beworben
bieten	bietet	bot	hat geboten
bitten	bittet	bat	hat gebeten
bleiben	bleibt	blieb	ist geblieben
braten	brät	briet	hat gebraten
bringen	bringt	brachte	hat gebracht
denken	denkt	dachte	hat gedacht
dürfen	darf	durfte	hat dürfen/gedurft
ein|fallen	fällt ein	fiel ein	ist eingefallen
ein|laden	lädt ein	lud ein	hat eingeladen
ein|steigen	steigt ein	stieg ein	ist eingestiegen
empfehlen	empfiehlt	empfahl	hat empfohlen
(sich) entscheiden	entscheidet (sich)	entschied (sich)	hat (sich) entschieden

sich entschließen	entschließt sich	entschloss sich	hat sich entschlossen
entstehen	entsteht	entstand	ist entstanden
erfahren	erfährt	erfuhr	hat erfahren
erfinden	erfindet	erfand	hat erfunden
erhalten	erhält	erhielt	hat erhalten
erkennen	erkennt	erkannte	hat erkannt
erschrecken	erschreckt/erschrickt	erschreckte/erschrak	hat/ist erschrocken
essen	isst	aß	hat gegessen
fahren	fährt	fuhr	ist gefahren
fallen	fällt	fiel	ist gefallen
fern|sehen	sieht fern	sah fern	hat ferngesehen
fest|stehen	steht fest	stand fest	hat festgestanden
finden	findet	fand	hat gefunden
fliegen	fliegt	flog	ist geflogen
frieren	friert	fror	hat gefroren
geben	gibt	gab	hat gegeben
gefallen	gefällt	gefiel	hat gefallen
gehen	geht	ging	ist gegangen
gelingen	gelingt	gelang	ist gelungen
gelten	gilt	galt	hat gegolten
genießen	genießt	genoss	hat genossen
geschehen	geschieht	geschah	ist geschehen
gewinnen	gewinnt	gewann	hat gewonnen
gießen	gießt	goss	hat gegossen
haben	hat	hatte	hat gehabt
halten	hält	hielt	hat gehalten
hängen	hängt	hing	hat gehangen
heben	hebt	hob	hat gehoben
heißen	heißt	hieß	hat geheißen
helfen	hilft	half	hat geholfen
herunter|fahren	fährt herunter	fuhr herunter	hat heruntergefahren
hin|weisen	weist hin	wies hin	hat hingewiesen
kennen	kennt	kannte	hat gekannt
klingen	klingt	klang	hat geklungen
kommen	kommt	kam	ist gekommen
können	kann	konnte	hat können/gekonnt
laden	lädt	lud	hat geladen
lassen	lässt	ließ	hat gelassen
laufen	läuft	lief	ist gelaufen
leihen	leiht	lieh	hat geliehen
lesen	liest	las	hat gelesen
liegen	liegt	lag	hat gelegen
los|fahren	fährt los	fuhr los	ist losgefahren
lügen	lügt	log	hat gelogen
missverstehen	missversteht	missverstand	hat missverstanden
möchten	möchte	mochte	hat gemocht
mögen	mag	mochte	hat mögen/gemocht
müssen	muss	musste	hat müssen/gemusst
nach|denken	denkt nach	dachte nach	hat nachgedacht
nehmen	nimmt	nahm	hat genommen
nennen	nennt	nannte	hat genannt
raten	rät	riet	hat geraten
reiben	reibt	rieb	hat gerieben
reiten	reitet	ritt	ist geritten
scheinen	scheint	schien	hat geschienen
schießen	schießt	schoss	hat geschossen
schlafen	schläft	schlief	hat geschlafen
schlagen	schlägt	schlug	hat geschlagen
schließen	schließt	schloss	hat geschlossen
schneiden	schneidet	schnitt	hat geschnitten
schreiben	schreibt	schrieb	hat geschrieben

schreien	schreit	schrie	hat geschrien
schwimmen	schwimmt	schwamm	ist geschwommen
sehen	sieht	sah	hat gesehen
sein	ist	war	ist gewesen
senden	sendet	sandte/sendete	hat gesandt/gesendet
singen	singt	sang	hat gesungen
sitzen	sitzt	saß	hat gesessen
sollen	soll	sollte	hat sollen/gesollt
sprechen	spricht	sprach	hat gesprochen
springen	springt	sprang	ist gesprungen
statt|finden	findet statt	fand statt	hat stattgefunden
stehen	steht	stand	hat gestanden
stehlen	stiehlt	stahl	hat gestohlen
sterben	stirbt	starb	ist gestorben
(sich) streiten	streitet (sich)	stritt (sich)	hat (sich) gestritten
teil|nehmen	nimmt teil	nahm teil	hat teilgenommen
tragen	trägt	trug	hat getragen
treffen	trifft	traf	hat getroffen
treiben	treibt	trieb	hat getrieben
treten	tritt	trat	hat/ist getreten
trinken	trinkt	trank	hat getrunken
tun	tut	tat	hat getan
übernehmen	übernimmt	übernahm	hat übernommen
überweisen	überweist	überwies	hat überwiesen
um|gehen	geht um	ging um	ist umgegangen
um|steigen	steigt um	stieg um	ist umgestiegen
(sich) um|ziehen	zieht (sich) um	zog (sich) um	ist umgezogen / hat sich umgezogen
(sich) unterhalten	unterhält (sich)	unterhielt (sich)	hat (sich) unterhalten
unternehmen	unternimmt	unternahm	hat unternommen
unterscheiden	unterscheidet	unterschied	hat unterschieden
unterschreiben	unterschreibt	unterschrieb	hat unterschrieben
verbieten	verbietet	verbot	hat verboten
verbinden	verbindet	verband	hat verbunden
verbringen	verbringt	verbrachte	hat verbracht
vergessen	vergisst	vergaß	hat vergessen
vergleichen	vergleicht	verglich	hat verglichen
sich verhalten	verhält sich	verhielt sich	hat sich verhalten
verlassen	verlässt	verließ	hat verlassen
sich verlaufen	verläuft sich	verlief sich	hat sich verlaufen
verlieren	verliert	verlor	hat verloren
vermeiden	vermeidet	vermied	hat vermieden
verschwinden	verschwindet	verschwand	ist verschwunden
versprechen	verspricht	versprach	hat versprochen
verstehen	versteht	verstand	hat verstanden
verzeihen	verzeiht	verzieh	hat verziehen
vor|haben	hat vor	hatte vor	hat vorgehabt
vor|kommen	kommt vor	kam vor	ist vorgekommen
vor|schlagen	schlägt vor	schlug vor	hat vorgeschlagen
waschen	wäscht	wusch	hat gewaschen
werden	wird	wurde	ist geworden
werfen	wirft	warf	hat geworfen
widersprechen	widerspricht	widersprach	hat widersprochen
wissen	weiß	wusste	hat gewusst
wollen	will	wollte	hat wollen/gewollt
ziehen	zieht	zog	hat gezogen
zwingen	zwingt	zwang	hat gezwungen

Tipp: Die meisten unregelmäßigen trennbaren Verben bildet man wie ihr Grundverb.
Beispiel: *ab**waschen** wie **waschen** → er **wäscht** ab, er **wusch** ab, er hat ab**gewaschen***
*mit**kommen** wie **kommen** → er **kommt** mit, er **kam** mit, er ist mit**gekommen***

Quellen

Auftragsfotos von Dieter Mayr, München.
Illustrationen von Andrea Naumann, Aachen.
Fotos auf den Filmseiten: Stills aus den Videoclips.

Die Quellen sind alphabetisch nach den Rechteinhabern geordnet. Die Nummer gibt die Buchseite und hinter dem Punkt die Position auf dieser Buchseite an. Fotos ohne Quellenangabe sind Auftragsfotos oder kommen auf einer früheren Seite bereits vor und sind dort mit allen Angaben erwähnt.

Alamy, Abingdon, UK: **5.1** (BSIP SA); Aufnahme vom 22.05.2014; Foto: Klaus Schneidewind; Hexentanzplatz Show Theater „Harz Mystery" www.harz-mystery.de **97.2**; Cartoon: Karsten Schley **69.2**; CDU Deutschlands **107.5**; CHRISTLICH-SOZIALE UNION **107.8**; DIE LINKE **107.2**; EDEKA Zentrale GmbH & Co. KG **37.6**; Ekaterina Zacharova, Repro: Raphael Lichius **116.1**; emoji company GmbH, Hamburg: **13.5** Emoji, **23.2** Emoji (© emoji company GmbH. All rights reserved.); Erik Liebermann/ Baaske Cartoons Müllheim **69.4**; Estera Kluczenko Johnsrud **58.2**; Foto: Andreas Royer **55.3**; Foto: Johann Sebastian Hanel; Theatergruppe Mosbacher Berg, Wiesbaden. Leitung Ulrich Poessnecker **120.2**; Foto: Marc Doradzillo **120.4**; Getty Images, München: **58.1** (Javier Pierini); **78.8** D (Semmick Photo); Johannes Geisthardt | hannes-comix.de **69.3**; Klett-Archiv, Stuttgart: **78.1**; picture alliance/picturedesk.com **30.1**; picture alliance/ullstein bild **78.2**; picture-alliance, Frankfurt: **77.2** (R4200); **77.4** (Jörg Carstensen, dpa); **78.4** (imageBROKER); Quelle: www.gruene.de **107.7**; Shutterstock, New York: **4.1** (WAYHOME studio); **6.1** (Patryk Kosmider); **8.1** Eishockey (Ronnie Chua); **8.2** reiten (pirita); **8.3** Noten (gst); **8.4** Tasche (AL-media stockhouse); **8.5** Laptop (Goran Bogicevic); **8.6** Mülleimer (Richard Peterson); **8.7** Taschenrechner (andy0man); **8.8** Block (Alexxndr); **8.9** Kugelschreiber (Vastram); **8.10** Experiment (Shaiith); **9.1** Lampe (Bamidor); **9.2** Stuhl (BigApple orathai hanthong); **9.5** Taschengeld (90miles); **9.6** Pulli dunkel (Zovteva); **9.7** Pulli hell (xiaorui); **9.10** blaues Sofa, **9.11** gelbes Sofa (Pix11); **10.1** (hurricanehank); **10.2** (Look Studio); **10.3** (Marek Valovic); **10.4** (Viorel Sima); **10.5** (Victoria Chudinova); **10.6** (Pro Image Content); **11.1** (Cookie Studio); **11.2** (Bruno D';Andrea); **11.3** (sergey causelove); **13.1**, **13.5** (ChiccoDodiFC); **13.2** (Grisha Bruev); **13.3**, **13.7**, **18.1**, **80.1**, **99.1** Fahrlehrer /-schüler (Syda Productions); **13.4** (Gelpi); **13.6** (Yulia Grigoryeva); **13.8** (Lukas Gojda); **14.1** (eurobanks); **14.2** (Irina Bg); **14.3** (Elena Nichizhenova); **14.4** (Olya Lytvyn); **17.1** (Giraphics); **17.3** (UI); **17.4** (igorstevanovic); **17.5**, **25.1**, **26.2** Nick, **40.4**, **80.4** (Monkey Business Images); **17.6** (ASAG Studio); **17.7** (mipan); **21.1** (aslysun); **23.1** (bbernard); **24.1** (Julia Nikitina); **24.2** (cobalt88); **24.3** (Studiovin); **24.4** (EmBaSy); **25.2** (nicemyphoto); **25.3** (Anna Shepulova); **25.4** (MvanCaspel); **25.5** (Drozhzhina Elena); **26.1** Mila und Valentin (Dasha Petrenko); **26.3** Lehrerin (The Art of Pics); **26.4** Jamal (ESB Professional); **26.5** Naira (AJR_photo); **26.6** Olivia (Minerva Studio); **28.1** (Angel Simon); **28.2** (Nattika); **28.3** Brühwürfel (Matthias Krapp); **28.3** (simpleman); **28.4** (RcriStudio); **28.5** (Sheila Fitzgerald); **28.6** (OlesyaSH); **28.7** (David Smart); **28.8** (bergamont); **28.9** (Artem Kutsenko); **28.10** (irabel8); **28.11** Chili (Liliya Kandrashevich); **30.2** (Newman Studio); **33.1** Sneaker (MsMaria); **33.2** Schokolade (Best_photo_studio); **33.3** Handy (Es sarawuth); **37.1** (karinrin); **37.2** (unpict); **37.3** (stockcreations); **37.4** (AS Food studio); **37.5** (Robyn Mackenzie); **40.1** (Duplass); **40.2** (goodluz); **40.3** (Odua Images); **41.1** (aerogondo2); **41.2** (andriano.cz); **41.3** (Vitalii Petrushenko); **41.4** (Ikonoklast Fotografie); **41.5** (Alfa Photostudio); **45.1** (sebra); **47.1** A (Ekaterina Pokrovsky); **47.2** B (Andrey Pugachev); **47.3** C (Ronald Rampsch); **47.4** D (ANADMAN BVBA); **47.5** E (bellena); **47.6** F, **59.1** (Iakov Filimonov); **48.1** (MBLifestyle); **50.1** (Thirteen); **51.1** (Maglara); **52.1** (Stock-Asso); **52.2** (stockfour); **52.3**, **59.4**, **86.6** (Nadino); **52.4** (Jacob Lund); **57.1** (Tom Wang); **58.3** (Jenson); **59.2**, **99.4** Anwalt / Richterin (wavebreakmedia); **59.3** (F8 studio); **59.5** (Evgeny Bakharev); **59.6** (Tuzemka); **63.1** Laptop (zentilia); **63.2** Bleistift (Vitaly Zorkin); **75.1** (Delpixel); **77.1** (FooTToo); **77.5** (360b); **78.5** A (yotily); **78.6** B (Lepneva Irina); **78.7** C (Mikhail Markovskiy); **78.10** F (hanohiki); **80.2** (Lucky Business); **80.3** (Halfpoint); **86.1** (mimagephotography); **86.2** (Nordroden); **86.3** (Alina Demidenko); **86.4** (StoryTime Studio); **86.5** (Sam Wordley); **86.7** (Yalana); **96.1** (VoodooDot); **97.3** (footageclips); **99.2** Maler / Kundin (RomanR); **99.3** Stewardess / Fluggast (CandyBox Images); **99.5** Patientin / Pflegerin (Alexander Raths); **100** (ALPA PROD); **107.1** (Spreefoto); **107.10** (Standard Studio); **107.11** (PHOTOCREO Michal Bednarek); **107.12** (photocosmos1); **107.13** (Toenne); **110.1** (Daisy Daisy); **110.2** (AYakovlev); **110.3** (garetsworkshop); **120.1** (Pressmaster); **123.1** Giraffe (g_tech); **123.2** Bücher (Tatyana__K); **126.1** Flugzeug (MO_SES Premium); **126.2** Gitarre (LightField Studios); Steffen Kugler/ Bundesregierung/dpa **107.9**; Stiftung Jugend forscht e. V., Hamburg: **55.2** B; stock.adobe.com, Dublin: **9.3** Bett (TheFarAwayKingdom); **9.4** Schrank (euthymia); **9.8** Sportschuhe (Nikolai Sorokin); **9.9** Chucks (nata777_7); **9.12** Marienplatz (Noppasinw); Teddy Tietz **69.1**; Westfälische Nachrichten, Foto: Dieter Klein **120.3**; © 2019 BreakOut e. V. - All rights reserved **50.2**; © Daniel Raunig **97.1**; © dpa **77.3**; © emoji company GmbH. All rights reserved. **23.3**, **23.4**, **23.5**, **23.6**, **28.12**, **73.1**, **73.2**, **73.3**; © fdp.de **107.3**; © INITIATIVE auslandszeit **74.1**, **74.2**, **76.1**; © SPD **107.4**; © Tina Reiter/ Tyrolia **127.1**; © Tyrolia Verlag **7.1**; © Tyrolia-Verlag, Innsbruck **118.1**; © Vofy GmbH **55.1**; © Zaglossus e.U. **127.3**; ©dpa – Report **78.3**

© Verlagsanstalt Tyrolia, Innsbruck-Wien 2019: Textauszug aus Elisabeth Etz, Morgen ist woanders **119**.

Fotomodelle

Jan de Boer, Paula de Boer, Lucia Borda, Simon Heyduck, Greta Mayr, Jakob Mayr, Levin Tschürtz, Elena Zachariades

Audios: Sprecherinnen und Sprecher

Jan de Boer, Paula de Boer, Lucia Borda, Marco Diewald, Clara Gerlach, Robi Hammerle, Angela Kilimann, Louis Kübel, Philip Lainovic, Sofia Lainovic, Felice Lembeck, Christof Lenner, Greta Mayr, Jakob Mayr, Jenny Scherling, Riccarda Siebels, Helge Sturmfels, Levin Tschürtz, Peter Veit, Elena Zachariades

Videos

Produktion und Regie: Bild & Ton, München
Kamera: Martin Noweck
Ton: Daniel Jocher
Mitwirkende: David Besteck, Felicitas Gerhaher, Julius Gerhaher, Jakob Güntner, Lukas Güntner, Jenny Roth, Ada S., Milla S.
Postproduktion: Thomas Simantke, EKS Stuttgart
Musik: Cooking show von pianodays, www.audiojungle.net (Film 1), This is happy vom hitslab, www.audiojungle.net (Film 2+4), Fashion upbeat uplifting von magpiemusic, www.audiojungle.net / The fish army march von banstewartsmith, www.audiojungle.net (Film 3), Upbeat motivational inspiring corporate von stocksounds, www.audiojungle.net (Film 4)
Foto: gestrichene Wand von Ponomarenko Anastasiia (Shutterstock.com)
Zeichentrick: Theo Scherling
Wir danken allen, die uns bei der Realisierung des Projekts unterstützt haben:
Krystof Hoppmann, Frank Reichl GmbH, IP Dynamic GmbH, Landeshauptstadt München, Referat für Bildung und Sport, Karlsgymnasium München

Grammatikclips

von Dr. Eveline Schwarz, Graz
Redaktion und Regie: Annette Kretschmer und Felice Lembeck
Kamera und Postproduktion: Thomas Simantke, EKS Stuttgart
Mitwirkende: Marco Diewald, Clara Gerlach, Angela Kilimann, Louis Kübel, Sofia Lainovic, Helge Sturmfels

Lösung zum Geldquiz in Kapitel 9, Seite 89

1B, 2C, 3A, 4B, 5C